家长和孩子必知的
100种现代学习方法

本书编写组◎编
石柠 于始 代滢◎编著

未来的文盲不是不识字的人，
而是没有学会怎样学习的人。

世界图书出版公司
广州·北京·上海·西安

图书在版编目（CIP）数据

家长和孩子必知的 100 种现代学习方法／《家长和孩子必知的 100 种现代学习方法》编写组编 . —广州：广东世界图书出版公司，2010.4（2024.2 重印）

ISBN 978－7－5100－2022－3

Ⅰ. ①家… Ⅱ. ①家… Ⅲ. ①中小学－学习方法

Ⅳ. ①G632.46

中国版本图书馆 CIP 数据核字（2010）第 050034 号

书　　　名	家长和孩子必知的 100 种现代学习方法
	JIA ZHANG HE HAI ZI BI ZHI DE 100 ZHONG XIAN DAI XUE XI FANG FA
编　　　者	《家长和孩子必知的 100 种现代学习方法》编写组
责任编辑	康琬娟
装帧设计	三棵树设计工作组
出版发行	世界图书出版有限公司　世界图书出版广东有限公司
地　　　址	广州市海珠区新港西路大江冲 25 号
邮　　　编	510300
电　　　话	020-84452179
网　　　址	http://www.gdst.com.cn
邮　　　箱	wpc_gdst@163.com
经　　　销	新华书店
印　　　刷	唐山富达印务有限公司
开　　　本	787mm×1092mm　1/16
印　　　张	13
字　　　数	160 千字
版　　　次	2010 年 4 月第 1 版　2024 年 2 月第 4 次印刷
国际书号	ISBN　978-7-5100-2022-3
定　　　价	59.80 元

"光辉书房新知文库"

总策划/总主编:石　恢

副总主编:王利群　方　圆

本书作者

石　柠　于　始　代　滢

序：善学者师逸而功倍

有这样一则小故事：

每天当太阳升起来的时候，非洲大草原上的动物们就开始活动起来了。狮子妈妈教育自己的小狮子，说："孩子，你必须跑得再快一点，再快一点，你要是跑不过最慢的羚羊，你就会活活地饿死。"在另外一个场地上，羚羊妈妈也在教育自己的孩子，说："孩子，你必须跑得再快一点，再快一点，如果你不能比跑得最快的狮子还要快，那你就肯定会被他们吃掉。"日新博客—青春集中营人同样如此，你必须要"跑"得快，才能不被"对手"吃掉。人的一生是一个不断进取的学习过程。如果你停滞在现有阶段，而不具有持续学习的自我意识，不积极主动地去改变自己。那么，你必将会被这个时代所淘汰。

我们正身处信息化时代，这无疑对我们在接受、选择、分析、判断、评价、处理信息的能力方面，提出了更高的要求。今天又是一个知识经济的时代，这又要求我们必须紧跟科技发展前沿，不断推陈出新。你将成为一个什么样的人，最终将取决于你对学习的态度。

美国未来学家阿尔文·托夫斯说过："未来的文盲不是不识字的人，而是没有学会怎样学习的人。"罗马俱乐部在《回答未来的挑战》研究报告中指出，学习有两种类型：一种是维持性学习，它的功能在于获得已有的知识、经验，以提高解决当前已经发生问题的能力；另一种是创新性学习，它的功能在于通过学习提高一个人发现、吸收新信息和提出新问题的能力，以迎接和处理未来社会日新月异的变化。

想在现代社会竞争中取胜，仅仅抓住眼下时机，适应当前的社会是远远不够的，还必须把握未来发展的时机。因此，发现和创造新知识的能力是引导现代社会发展的关键。为了实现自我的终身学习和创造活动，我们的重点必须从"学会"走向"会学"，即培养一种创新性学习能力。

学会怎样学习，比学习什么更重要。学会学习是未来最具价值的能力。"学会学习"更多地是从学习方法的意义上说的，即有一个"善学"与"不善学"的问题。"不善学，虽勤而功半"；"善学者，师逸而功倍"。善于学习、学习得法与不善于学习、学不得法会导致两种不同的学习效果。所以，掌握"正确的方法"显得更为重要。

学习的方法林林总总，举不胜举，本丛书从不同角度对它们进行了阐述。这些方法既有对学习态度上的要求，又有对学习重点的掌握；既有对学习内容的把握，又有对学习习惯的培养；既有对学习时间上的安排，又有对学习进度上的控制；既有对学习环节的掌控，又有对学习能力的培养，等等。本丛书理论结合实际，内容颇具有说服力，方法易学易行，非常适合广大在校学生学习。

掌握了正确的方法，就如同登上了学习快车，在学习中就可以融会贯通，举一反三，从而大幅度提高学习效率，在各学科的学习中取得明显的进步。

热切期望广大青少年朋友通过对本丛书的阅读，学习成绩能够有所进步，学习能力能够有所提高。

本丛书编委会

目 录

引　言

"面向现代化，面向世界，面向未来"是整个教育工作的指南，也是时代发展的客观要求。许多教育专家认为，将来的"文盲"，不再是目不识丁的人，而是一些没有学会如何获取知识，不会自己思考问题，没有预见力的人。可见掌握好的学习方法比单纯的获取知识更为重要。这就要求我们不仅要掌握知识，更重要的是必须学会如何学习。一个只能被动学习，不会主动探求知识的人，在日后的工作、学习中必将遇到许多麻烦，甚至完全无法适应周围的环境。只有既学到了知识，又掌握了科学的学习方法，才能适应社会的飞速发展。

科学研究表明：超常孩子和弱智孩子大约各占2%，95%以上的孩子在智力上没有多大差异。可智力水平差不多的孩子却出现了不同的学习效果，这就需要在学习方法上寻找原因了。孩子有没有正确的学习方法，直接影响着他们获得知识的质量。因此，家长和教师对孩子的学习辅导，应着重在学习方法的指导，教会孩子学会学习至关重要。

由于孩子在心理和生理上都不够成熟，作为家长，一定要及时、有效地对孩子的学习进行指导。如果家长对于学习方法没有足够的重视和了解，孩子自然也会忽略这个问题。所以，当孩子由于学习方法不得当，导致学习成绩下滑时，建议家长首先要有耐心，稳定情绪。因为学习方法的

问题是基础性的、根本性的问题，想要孩子一下子纠正过来是不现实的，也是不可能的。这时，千万不能操之过急，更不能因为孩子学习不好而指责孩子。其次，应该和孩子进行沟通。沟通时，应该对孩子抱着真诚关心和宽容体谅的态度，表示理解孩子在学习上遇到的困难和挫折。同时，还可以谈自己过去学习成功和失败的经验教训，给孩子以必要的信心和勇气。在此基础上，帮助孩子找到有效的学习方法。

本书所介绍的就是从众多教师和学生们在实践中检验、总结的方法中精选出来了100种学习方法。书中所收录的学习方法中，既有小学生、初中生可用的方法，又有高中生可用的方法。适合8～18岁的青少年。书中所介绍的100种方法既可以学生为主体来学习，也可以家长为主体来辅导孩子学习。

希望本书能够帮助中小学生和家长们认识到学习方法的重要性，并通过帮助孩子掌握这些优秀的学习方法来使他们取得学业上的成功。

上篇　一般学习法

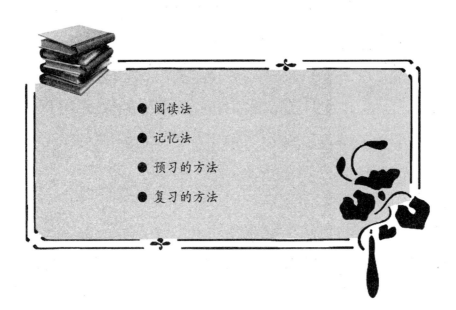

- 阅读法
- 记忆法
- 预习的方法
- 复习的方法

第一章　阅读法

1　扫读法

扫读法，就是一种面式阅读法。它要求一眼要看几整行文字，抓住所读文章的系统和脉络，寻求所需的内容。它是一种高级的阅读方式。古人说的"一目十行"，就是指这种阅读法。

扫读法不像传统阅读方法那样逐字逐句地来读，而是将眼睛停的视阈尽可能扩大，将几行文字、一段文字甚至整页文字作为每次眼停的注视单位，在快速扫视中获得对文章或书籍的总体印象、整体理解。这种方法不仅可以提高阅读速度，而且不会影响理解程度，很多时候甚至比逐字逐句阅读更能够把握文章内容的精髓。高尔基就是运用了这种纵阅横览的扫读法，每翻一页就像下台阶似的从上到下的垂直看，读完了大量的书籍。

用扫读法阅读的速度是非常快的，但要熟练掌握这种方法必须经常练习，比如经常做一些视力扩展训练，在平时阅读时要注意克服逐字逐句阅读的习惯，有意识地扩大每次眼停的视野范围。

在扫读一本书的时候有以下几种方法：

（1）浏览前言：了解作者的意思，背景及主要观点。

（2）通读目录：了解作者论述哪几方面的问题及内部的各层次。

（3）扫读节的标题：根据节的标题扫描作者的主要观点，论据。

（4）抓住重点：一页中扫描最关键的词。

家长和孩子必知的 100 种现代学习方法

（5）看结束语：看一遍结束语，对全书的内容作出自己的判断，提出自己的看法。

此外，不同的读物，运用不同的扫读方法。

（1）读杂志，可以从通读目录开始。选择自己需要的文章读。其他的文章做极快的扫描。

（2）读单篇文章时，记住标题，记住概要。

（3）读记叙文时要着重抓住主要人物，主要情节，进而掌握主要内容和中心思想。

考试中运用扫读技巧，应该注意以下几点：

（1）仔细阅读需要回答的问题。

（2）记住答题或你需要注意的材料的类型。

（3）在材料上很快移动视线，抓住能帮我们找到所需要内容的线索。

（4）当发现需要的内容的时候，应停止扫读。并认真的注意这些内容。

2　跳读法

跳读法是指在阅读中，有意识的跳过一些无关紧要的句段或篇章而抓住读物的关键性材料的快速阅读方法。

跳读与扫读不同，扫读是"一目十行"，逐页扫视。而跳读则是有所取舍地跳跃式前进，只停留在那些最有价值的内容上阅读，其他次要内容则大段大段甚至整页整页地略过。所以，善于运用跳读法阅读，不但可以提高阅读速度，而且能够很快抓住关键，把握文章要旨。跳读的具体方法有以下几种：

（1）以各级标题，黑体字为主要阅读对象的跳读法。许多书都列有章节标题，有的书还用黑体字突出定义、结论等。这些往往是全书、全章、

全节的主题和中心所在，也是需要留心的地方。因此，在阅读书籍时先用跳读法读这些部分，然后再决定是否有必要细读这本书。

（2）首尾句跳读法。就是只读每段的第一句或最末一句。一般来说，以说明为主，以议论为主的科学性著作，每小段的首句往往是提纲挈领的一句话，末句是承上启下的一句话，中间则是补充、推理、例子之类。运用这种方法，可以迅速抓住全文的中心。

（3）关键词语跳读法。只读自己所需要的有关的词语，而略去其他的段、句、词。关键词跳读法适用于查找各类文献资料。

（4）语法结构跳读法。这种跳读法有两种方式，一种是全力贯注句子中的结构词，如连词，段落中的结构语，如"由此可见"等。根据这些词语来探寻有意义的词语和句子，从而把握全书的脉络。另一种方式是集中注意力读句子中各类词语的中心语，要忽略修饰语，补充语等辅助性句子成分。

（5）随意跳读法。这种跳读法主要适用于查找资料。可根据阅读者的兴趣和思路来找阅读的注意点，这种跳读法会较多的漏掉有价值而读者还未感到兴趣的东西。例如，读一本新书，先看序言、目录和内容简介，然后跳读有关内容，不必细读全文。阅读章节，也只跳读标题、黑体字、斜体字和重点句，然后前后连贯，抓住全文中心。也可以跳读每段的首尾两句。一般来说，任何书籍，每段的开头句很可能是提纲挈领的一句话，末尾则往往是小节性的语句。

3　寻读法

寻读法是日常工作和学习中经常使用的一种快速阅读方法。我们在辞典中查阅某个字词的意义或读音；在电视报上了解想看的电视节目；在产品说明书中查找某个故障的排除方法；在某本书中通过目录提要寻找自己最感兴趣的内容时，都会自觉不自觉地用到寻读法。寻读时，要在快速扫视书页的过程中，能够很快地对自己所要查找的某些问题的细节如人名、地名、事件、年代、概念术语等，作出识别判断。这种快速筛选识别信息的能力，需要在阅读实践中不断提高。

寻读是从某些特定内容的书目中，迅速获取自己所需要资料的一种速读方法。读者往往是有目的的去阅读，并从阅读材料中吸取自己需要的知识。

我们在需要查考一些人名、地名、典故、数据等有关资料，除了查阅专门工具书以外，还要从大量书刊中寻找，这都需要用到寻读法。在寻读时，两眼扫过书页，以最快的速度从文章中披沙取金，发现并寻找到所期待得到的某些问题的细节，如某个人名、地名，某件事发生的年月，或作者的论点、论据以及其他重要的数据或相关资料。

寻读的具体方法有以下几种：

（1）为了掌握一本书的观点和中心思想，应该注意书的标题和副标题；阅读导言和序言；浏览目录，选择一两个包含主要论题的中心章节，阅读它开始的一两段和结束段。所有的这些工作在很短的时间内完成。

（2）为了掌握一个章节或一篇文章的观点，需要了解这一章节或文章出现在哪一类书籍或报刊上，直到所读部分与其他部分的关系。寻找概括文章的段落句子。

（3）为了寻找自己所需要的有关信息等等，也需要用寻读法。在寻读时要把寻找的问题记在心中，尽快扫视阅读材料，并且注意标题、正文中不同字体的标示和版块等，以帮助自己搜寻所需的资料。

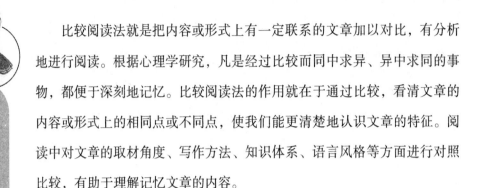

4 比较阅读法

比较阅读法就是把内容或形式上有一定联系的文章加以对比，有分析地进行阅读。根据心理学研究，凡是经过比较而同中求异、异中求同的事物，都便于深刻地记忆。比较阅读法的作用就在于通过比较，看清文章的内容或形式上的相同点或不同点，使我们能更清楚地认识文章的特征。阅读中对文章的取材角度、写作方法、知识体系、语言风格等方面进行对照比较，有助于理解记忆文章的内容。

比较阅读的方法可依据阅读者的不同比较目的来确定，下面介绍几种常用的比较阅读方法。

（1）同类相比以见其异。通过同类文章的比较，不依常规、寻求变异，对某一事物从多方面分析而寻求答案，有助于开拓思路。

例如，南宋诗人陆游的咏梅词和毛泽东的咏梅词相比较，两词选用了同一词牌——卜算子，选择了同一对象——梅，但二词反映了思想内容却截然不同。

陆游笔下的梅花，生长在驿道外断桥边，在日暮黄昏中独自开放，有孤苦难言的寂寞，在风雨中凋零后，仍然孤芳自赏。而毛泽东所写的梅花却不同，即使大雪纷飞，冰冻百丈，她仍在悬崖上，争妍斗俏。她只是春天的信使，却并不与群芳争春。

同样是咏梅，内容的不同，也反映了作者思想感情上的差异。陆游的词是他在宋代投降派的排斥打击下，抗金抱负不得施展而倍感孤独寂寞的反映；而毛泽东的词则反映中国共产党人面对国际上的反华大合唱，勇于坚持斗争，充满胜利信心的乐观主义精神。

（2）异类相比以见其同。这种阅读方法，有助于我们在阅读文章时，抛开作品内容、表现手法以及语言风格的不同，更深入地体会作品的思想实质，有助于所学知识的前后串联，形成系统的认识体系。

例如，茅盾的《白杨礼赞》和陶铸的《松树的风格》这两篇文章。一篇写的是白杨，一篇写的是松树；前者歌颂的是抗日军民不屈不挠的精神；后者歌颂的是社会主义建设者们大公无私的精神。但是，如果把这两篇文章比较一下，排除上述这些内容上的相异点，从表达方面加以分析，就可以看出：它们都是从具体事物的描写中，引出其象征意义，歌颂某一种精神品质；在结构上都是先咏物后抒情的。通过比较，这类文章在表达上的共同特点就很容易认识了。

（3）同一事物，外在和内涵相比以见其真意。有些作品，由于当时的局势所限，作者在行文中运用了曲笔，在阅读中，我们若不能剖开外在的内容，去探索文字的内涵，就很难领会作者的真正意图。

例如，朱自清的散文《荷塘月色》中这样一句话："忽然想起来采莲的事情来了。采莲是江南的旧俗，似乎很早就有，而六朝时为盛。"整个句子看似闲笔，如果我们加以推敲就会发现，文中的"六朝"一词，着意不凡。实质上是隐含的对比：六朝建都南京，国民党建都南京；六朝时国泰民安，热闹繁华，而写作时的"二·七"大屠杀，血洗中华，不能不在作者的心中引起震动，作者字面的"冷"，实则是内心的"热"，体现了作者的爱国情感，针砭了国民党的黑暗统治，表达了作者对美好生活的向往。

除了上述三种方法外，比较阅读方式还有很多，阅读时可根据不同的阅读目的从思想内容、表现手法、结构安排、人物塑造、语言运用等多方面设意。但是，在进行比较阅读时首先要注意选择比较对象，确立比较点。然后，再从不同的读物中发现他们在内容或形式方面存在各种联系，以期选准比较对象，明确比较点，达到预期的阅读效果。

5　全脑阅读法

全脑阅读法是指在利用左脑的同时注意开发右脑的一种阅读方法。1981 年，美国医学博士斯佩里提出了"左右脑分工"理论，获得了诺贝尔奖金。接着，美国心理学家奥斯丁又发现：当人们的左右脑较弱的一边受到激励而与较强的一边合作时，会使大脑的总能力和总效应增加 5 倍甚至10 倍。我国较早提倡这一阅读方法的是广州四中的徐自强老师。

由于现行的阅读方法，是偏劳于左脑的功能。这就是我们要建立"全脑阅读法的"原因。

全脑阅读法的优势是：在阅读中，既开发左脑，又开发右脑，使左右脑协调一致，彼此配合，以达到开发大脑潜能，同时还能提高阅读效率。全脑阅读法由三个部分组成：

（1）全脑快速阅读。传统的阅读是从左脑输入信息的，阅读速度慢、效率低。全脑快速阅读是视读法，把文字当作图，从右脑输入信息，全脑处理。由于全脑直映而省去了发音和听觉器官的活动，因而大大提高了阅读速度。

（2）全脑反刍阅读。①抓语感训练。通过诵读领悟法、语境揣摩法、触发意会法、推敲比较法、练笔感受法等，从整体上培养对语言的敏感。②抓形感训练。通过说文解字法、幻化图画法、角式扮演法、想象作文法等，培养对形象的敏感。③抓语理训练。语理是指语文理法，即语法、修辞、文章、逻辑等法则。捷克教育家夸美纽斯说过："规则可以帮助，并且强化从实践得来的知识。"上述三种训练方法，语感训练和形感训练偏重于右脑，语理训练偏重于左脑。左右脑协调，就能提高阅读效率。

（3）全脑图示阅读。这是一种以"图"析"文"的阅读法。它讲究形象性、整体性、凝练性和美学性。它也是从右脑输入信息，全脑处理。图示是展示文章的"屏幕"，学习文章的"导游图"，是阅读教学的微型形象课文。

6 程序阅读法

程序阅读法就是拿到一本书后遵循一定的程序和步骤，按照系统、完整、循序渐进的方法来阅读。当我们打开一本书时，首先应该明确这本书是为了解决哪些问题，哪些是重点研读部分，这就要求我们在读正文之前，对书名、作者、内容提要、序言、目录、结束语有较清晰的了解，依照这样个程序去读书，才能分清书中的轻重缓急，从而提高我们的读书效率。下面具体介绍这种读书方法的"程序"：

（1）读书名。一本书在手，最先映入眼帘的是书名，所以读书一般来说，首先就要读书名。书名有虚实两种。虚的，往往用比喻或象征的手法定书名，如《茶花女》、《高山下的花环》等，实的，则直接用事件、人物、地点、时间来命名，如《西游记》、《静静的顿河》等。此外，有的书名直接表现了主题，如《岳飞传》、《战斗的青春》等，有的书名则不能看出主题思想，如《林家铺子》、《安娜·卡列尼娜》等，但不管如何，作者在给一本书起名时都是经过反复推敲才能完成的。

（2）了解作者。明确了书名后，我们还要了解这本书的作者。读书研究作者有助于了解有关学术动态、学术流派，有助于自己建立完整、系统的知识体系。

（3）读内容提要。掌握了书名，了解了作者，接下去是阅读内容提

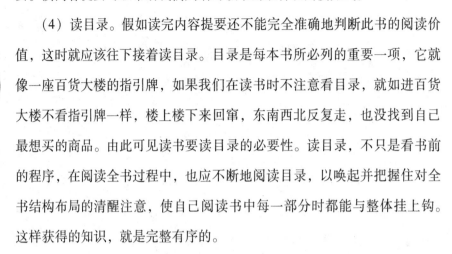

要。读内容提要可以帮助我们判断对该书的取舍和阅读方式。

（4）读目录。假如读完内容提要还不能完全准确地判断此书的阅读价值，这时就应该往下接着读目录。目录是每本书所必列的重要一项，它就像一座百货大楼的指引牌，如果我们在读书时不注意看目录，就如进百货大楼不看指引牌一样，楼上楼下来回窜，东南西北反复走，也没找到自己最想买的商品。由此可见读书要读目录的必要性。读目录，不只是看书前的程序，在阅读全书过程中，也应不断地阅读目录，以唤起并把握住对全书结构布局的清醒注意，使自己阅读书中每一部分时都能与整体挂上钩。这样获得的知识，就是完整有序的。

（5）读序。序，在不同的书中有不同的称呼，有称前言、绪言、引言或称序例、序文、编者的话、出版说明等等。总之，不论称呼如何，其作用是相同的。语言学家王力先生认为，首先应该读书的序例、序文。只看正文不读序例是个坏习惯。序例里边有很多好东西。序例以介绍该书的读者对象、主要内容及写书的缘起、意图、经过、体例等内容的文字，有的序文还要介绍作者情况，有关背景材料以及对该书的评论分析等。

（6）读正文。读完序言，就可以读正文了。

（7）读结束语。一般书籍都会有结束语，读完正文之后不可不读结束语。结束语是对该书所要阐述思想的总结，带有作者提纲挈领式的回顾，尤其是对写作过程的回顾，读结束语有助于对全书进行总结性的考察。

7　循环阅读法

循环阅读法是对一本书进行多次阅读的方法，适用于很多有价值的读物。循环读书法又分短期内循环和长期内循环两种。

短期内循环适用于读某本书或某篇文章。因为书的内容较难理解，读一遍两遍不能完全明白。于是就像作战一样，正面进攻不行就侧面攻，从不同方位去进攻目标。精力集中，从而收到好的效果。

长期内循环多用于读名著，间隔两年，甚至五年、十年，再去读同本书，不仅勾起了记忆，克服了遗忘，而且由于生活经验与知识积累的增长，原来不懂的地方，这时弄懂了，原来认识肤浅的地方，这时也深化了。

无论短期内循环还是长期内循环，都不仅是加深理解的方法，而且是突破难点的方法。每次阅读，都要善于选择不同角度，好像钻探一样，四处打眼，寻找目标，可以从历史的发展来看，从而把一个整体切割成不同的小块从不同方面来认识；有时也需要把次次循环后的认识进行连贯的思考，得出综合的理解，或者说是从宏观的角度来理解。读书原为自己受用，多读不能算是荣誉，少读也不能算是羞耻，少读如果彻底，必能养成深思熟虑的习惯，涵泳优游，以至于变化气质，多读如果不求甚解，虽驰骋千里，却空手而归。因此，读好书不应求多，而应求得彻底，只有反复循环地读，才能读到书中精深之处，最后变为自己的财富，受用不尽。

怎样才能把书读"精"呢？想要把书读"精"，必须循环反复地读，才能读出书中味，把握书中精华。可以说，"循环读书法"是把书读"精"的一个捷径。

我国古代学者因书籍难得，皓首穷年才能治一经，书虽读得少，读一部却就是一部，口诵心惟，咀嚼得烂熟、透入身心，变成一种精神的原动力，一生受用不尽。现在社会，书籍多得可以信手拈来，人们完全能够做到过目万卷，然而，"过目"的虽多，真正"留心"的却又有多少呢？

读书并不在多，最重要的是选得精，读得彻底，与其读10部无关轻重的书，不如以读10部的时间和精力去读一部真正值得读的书，与其10部书都泛览一遍，不如取一部书精读10遍。

8 三遍阅读法

三遍阅读法以当代知名作家王汶石最为典型。王汶石读文学名著，喜欢把各个作家的作品尽可能都找到，按发表的顺序看一遍，以获得较为深刻的印象。对于价值最高的代表作，他要来个"三遍读"：第一遍是通读，尽情地作艺术享受，让自己沉醉于其间，领略作品人物形象之美、语言技巧之美、意境之美。第二遍，边读边对作品进行分析解剖，学习作者的写作技巧。第三遍阅读同时又是系统通读，主要是获得写作技巧的完整印象。有时候，为了更详细地了解某种写作技巧，还需要同时浏览多种名著，看人家对文章结构或者是非曲直是怎样写的。回头再将文章全文综览一遍，巩固加深已有的印象。通过三遍读，可以对文学名著的理解逐步加深。

许多人都认为，所谓三遍其实是多遍的意思。虽然人的理解能力、研究目标各有不同，但读一遍只能达到一遍的目的，而真正读懂、弄通则需要几遍才能完成。中国有句古话，叫做"书读百遍，其义自见"，就是说书要多读才能读懂，其实，读书不容易，把书读懂更不容易。只有多读，才能更深刻地了解书中真正的内涵。每本书都匆匆忙忙地读一遍，就读另一本，不求甚解，读了等于白读，过眼烟云，最后一无所得。

另外，读书要有毅力。不能这一本读三遍，另一本就读两遍，要坚持长久，特别是对那些名著和好的文学作品更应该多读几遍，才能收到好的效果，否则，只有几本读得很透彻，其他都一带而过，那样就收效甚微。

著名作家臧克家说："我读古人书浓圈密点，旁注，十分认真，一字一句也不放过，以求吃尽书中味，对作者的感情、思想、所处时代环境以及艺术表现特点，都要求大体了解。

我对他们的作品并不盲目歌颂，有的为之击节，万遍常新，有的则以为平常，并不为我佩服。我欣赏的东西，特别是诗词之类，全凭两点：一是长期的生活经验，另一点是50年的创作实践，用这两点去体会，去验证。这两点看似平常，得来却都不容易。"

总而言之，掌握和运用三遍读书法，其要旨就在于层层深入，由粗读到细读，由粗知到理解，由浅知到深刻体会，由消化到掌握。

当然，在具体读书中，并不一定拘泥于三遍的限制。这个三遍读书的步骤和程序，仅仅是一个可供参考的路子和方法。

9 层级阅读法

大多书本知识的内在逻辑都是由浅薄到高深，由简单到复杂，由点到面的逐步发展开的。纵观古今中外的成功者，他们读书都经历了逐步渐进的过程。这个过程就是层级读书法。

运用层级读书法，最重要的就是从基础知识读起，把学好的基础知识当作打好地基、建筑大厦的第一步，然后才能层层、一步步，最后筑起知识的大厦。

美国哲学家阿德勒对层级读书法有更系统的论述。他把读书分为四个层次：初级阅读、检视阅读、分析阅读、综合阅读。

（1）初级阅读。初级阅读是基本的阅读或开端的阅读。读者仅仅能提出的问题是：这个句子是说什么的？

（2）检视阅读。检视阅读即在指定时间内，以求从书本上得到最大的收获。其特点是读者必须在规定的时间内完成阅读的步骤。检视阅读包含两种不同的方式，即略读和预读。一本书到手，由于时间限制只能采取略读或预读。略读和预读主要目的是要知道该书是否有精读的必要。其具体方法是：①要注意导言。从副标题中找出作者特别强调的重点及目的；②要从目录中了解书的结构，并对该书的范围获取初步的印象；③要找出几个重要论点所在，仔细阅读。完成上述步骤后，便知道这本书是否应该精读了。

（3）分析阅读。分析阅读就是全盘、完整地阅读，一般不受时间的限制。分析阅读有以下几个要素：①确定你要读的是哪一类书；②能够使用一个或几个简单的句子或小段文句来叙述整本书的内容；③说明书的主要部分，并解释作者如何依次将它们完整地组合起来；④找出作者所要讨论的问题；⑤找出作品中的重要字眼。并了解作者使用它的方法；⑥找出重要的词句及所含的命题。继而用自己的话来叙述，促进知识的消化和理解；⑦从书中找出有关作者论点的段落，从一个段落中找出论点，从各个段落中找出重要的句子，直到将所包含与论点有关的一连串句子组合起来为止；⑧找出作者的解答；⑨批判性地吸收作品，必须提出你评价的理由。

（4）综合阅读。综合阅读指在一段时间内阅读较多的彼此内容相关、讨论的主题相近的书籍和文章的阅读方法。综合阅读并不是单指内容上的比较，读者还必须根据主题建立一套分析的理论。因此，综合阅读是种最积极的阅读，也是一种最费心的阅读。综合阅读有两个主要的阶段：①准备阶段。根据目录、专家的建议以及作品中的参考文献，提出一套适合自己的阅读主题的暂时性的参考书目。浏览这份暂时性的书目上的所有书籍，找出最贴近主题的作品；②正式的综合阅读阶段。浏览第一阶段收集的相关作品，寻找相关的章节；建立一套能注释这类大多数作品的适当名词；提出套适度的问题；划分各种主要与次要的争论，将正面与反面的意见分门别类地加以组织与整理；按顺序分析不同的问题与争论，将主题理出头绪。

上述四个阅读层级是陈陈相因的，并且高层级包含低层级。一般来说，有很多好书值得分析阅读和综合阅读，但大多数书只需要检视阅读，因为个人的精力和时间毕竟有限。所以，不管是从理论还是实践，都说明了任何事情，任何事物都得从简到繁，从低到高，从基础开始，按照"逐步推进"的方法去读。读书，千万要牢记"万丈高楼平地起"，"欲速则不达"。

10　浏览阅读法

浏览阅读法是指对一般不需要细致了解的书籍，只是从总体上粗略掌握书中大概内容的一种阅读方法。它可以在有限的时间内尽可能广泛地了解信息，有助于开阔视野，是博览群书所常用的重要阅读方法。在阅读过程中，有些文章，不需深钻细研，有些书只需要知道个大概内容即可；有些书只需从中选择一些有用的资料而已。这时候通过浏览阅读法，读者可以丢开一些书中不值得读的部分，这样就省下了时间细读真正需要的学习材料。

浏览阅读的方法主要包括以下以几点：

（1）浏览、推敲篇名。篇名（包括书名）往往概括了文章的主要内容，或者揭示了文章的基本论点，论述的范围，只要稍加琢磨就可以有初步的了解。

（2）浏览序，目录，提要，题解，要点，索引。

序（包括前言，后记）。自序偏于说明作者宗旨，撰写经过，编写体例等。还可就书中的重点和难点作简要的阐述。他序常常对作者，作品作介绍和评论，或对书中的观点作引申和发挥。序能帮助读者了解书中的主要内容。

目录，是书的纲要。从目录，章节的大小标题中，读者能了解到全书涉及哪些主要问题。目录不仅仅是供检查哪章内容在哪页上，它从整体结构上显示内容的总轮廓。浏览目录，而且有助于决定进一步的阅读方式，或全读，或选读，或不读。

提要，即内容提要，又称内容简介。它是关于图书内容及其特点的简明扼要的介绍文字。它能帮助读者概括的了解书的内容和把握书的要点。浏览内容提要后还得看看书的其他部分，才能获得客观的结论。

题解，是就文章的题目对内容进行概括的解释。一般是介绍作品的背景、影响、意义、作者的基本简介，作品最初发表的时间和刊物的名称等。题解能帮助读者正确理解与把握作品的内容。

要点，就是各章节的提要，它概述各个章节的论述要点。看要点，能了解作者在各章节中表述的基本思想。

上述要浏览的几个项目，除目录外，不一定是每本书都有，如果有的话，都应该浏览，通过浏览这些内容，对全书的中心思想就有了比较概括地了解。

（3）浏览正文。首先，要读开头的一部分，这一部分往往是文章的引论部分。了解这些可以对后文的内容进行判断，对理解全文有重要作用。其次，要读中间部分段落，章节中的主题句。最后，要读结尾部分。结尾部分有时以结束语的形式单独列段，作者在这一部分对全文论述的问题加以简明扼要的总结，结束语如果与开头部分加以对照读，印象会更深。

（4）浏览完毕，如果发现有值得深究的问题，应及时用卡片记下，或进一步阅读。

可见，浏览阅读法是一种很重要的学习方法。在一定时间内要使用很多书，而又不能把它们细读的情况下，可用浏览法。

浏览阅读时还应该注意以下问题：

（1）根据不同的内容选择不同的读书方式。一般作品可供浏览，可对其中精彩片断进行精读；重要著作，一般应该精读，但其中部分章节浏览即可。因此，在阅读过程中可根据不同的内容和需要灵活掌握。

（2）浏览时应把握好速度。如果没有一定的速度就不能用较短的时间阅读广泛的内容。但如果为了一味追求速度，而走马观花，结果必然会印象模糊，甚至达不到阅读后有所收获的效果。因此，浏览阅读既不能太慢，也不可过快。

（3）浏览时应该开动脑筋，边想边读，加深记忆。切勿马马虎虎，随随便便的翻看。

（4）除了勤于动脑之外，浏览时也要勤于动笔。把有用的资料都保存下来以备不时之需。

11　札记阅读法

清末浙江学者李慈铭从 12 岁起就以日记形式记述了他每天的读书札记，直到晚年，他共写了 64 册，几百万字。在他日记中，保存了不少当时社会的重要历史资料和他在阅读经学、史学、音韵、金石、诗文、风俗、评论书人书事等方面的心得体会，结集为《越漫堂日记》。这本书在学术上很有价值，受到学者的重视。

札记就是用简练的文字把读书看报时的心得、体会、随想、偶感、试析、疑点、问题等思维火花或一闪而过的感想、看法、观点、思想等及时记下来。写札记在各种读书笔记中难度较大，创造成分多，价值也比较大。

写好札记，能加强我们阅读的记忆力，促进我们在阅读时积极思考，把那些一隅之得，一闪之念用笔及时记录下来便于我们整理出书中的要点和线索，为进一步研究提供方便。

写好札记，又是一个资料储存的有效手段。经常做札记笔记，可以积累大量的研究和创作资料，时间长了，这就是一笔极为宝贵的知识财富。

札记的写法比较灵活，形式上可零可整；内容上可多可少，篇幅上可长可短。下面介绍写札记的步骤：

（1）要养成随时记录思想"闪念"的习惯。我们读书的过程是积累思维的过程，在这个过程中经常会闪出一些思想火花。这些火花可以是片断的，也可以是系统的，虽然是"一得之见"，但它们却是我们深入思考的起点和契机。许多人正是从这种不起眼的"一隅之得"中逐渐深入，开拓发展，以致最后形成一种较完整的思想的。若把这些零散的资料加工补充、整理拓展，很可能就是一篇好文章。

（2）在记录自己的心得体会时，要在对读物内容融会贯通的基础上写，写出自己的想法很重要，落笔前要经过反复酝酿，认真考虑，有所思才有所得，有所得才有所写。不能心血来潮，信手涂鸦，乱发不着边际的议论。这样，才能培养我们的思考力、启发创造力。要勤于思索，勇于探求，最主要多问几个为什么，不要人云亦云。内容上要精粹，文字要简练，以质为本，这样方便整理。

（3）所记的札记不应是为做而做，不能做完撇在一边了事，要注意加工整理。这些零散的资料经过补充、加工，很可能就是一篇好文章。

总之，养成读书做札记的良好习惯并掌握其方法技巧，是提高读书效率、加快知识积累的个不容忽视的读书手段。这种方法看似笨拙，做起来也似乎慢些、苦些，但是其效果将会更好些。

12　互比阅读法

一次，唐代诗人李白游至黄鹤楼，凭栏远眺，激情满怀，诗兴大发，但抬头看见诗人崔颢的题诗《黄鹤楼》，自愧不如，便写了"眼前有景道不得，崔颢题诗在上头"的千古名句，辍笔而去。正像戏剧家梅兰芳先生所言，好和坏是比出来的，眼界狭隘的人自然不可能知道好的之上更有好的，不看坏的也感觉不出好的可贵。

读书也是要进行比较的，只有通过比较，才能分辨优劣高低，才能鉴别良莠差异。正如古人云，"独学而无友，则孤陋寡闻"、"善学者，假人之长补其短"。

用互比法读书，可以使阅读不再仅仅局限于接受性的思维活动，而是同时调动起回忆、对比分析、鉴别以至进行新的推理和新的想象等多种思维功能，是一种能动的读书方式。

互比读书法，从范围上来看，有宏观比较和微观比较。

宏观比较是多角度、多层次的综合比较；微观比较是单项的局部的比较。从形式上看，又可以分为纵向比较和横向比较两种。

纵向比较就是对某一专题不同时期的著作的比较，如对唐、宋、元、明、清不同时期诗词的比较等。通过对知识不同发展时期的比较，就能发现新旧知识的差异。寻找新旧知识之间的继承、发展关系，从而解决旧知识未能解决的难题，促进科学的进步和繁荣。

横向比较指在同一时期或同一标准下不同著作的比较。如对李白、杜甫、白居易的诗的比较等。横向比较有助于我们对一定历史时期的某种知识作深入全面地了解，并从中了解个性，把握共性，发现规律。

互比读书法，从比较内容上看，有以下几种形式：

1. 题材比较法。题材是作品中具体描写、体现主题思想的一定社会、历史的生活事件或现象。相同的题材，其主题可以不同。用"题材比较法"读书，会更好地审题立意，写出好的有特色的文章。

2. 体裁比较法。体裁即是作品的"样式"。同一个题材，可以用不同体裁来表现。这种比较，可以锤炼我们根据不同的文体特点，确定写作重点的能力。

3. 主题比较法。同一题材立意不同，中心也就不同。用主题比较法，能促进我们审清文章立意，加深理解。

4. 人物比较法。同一作品中的人物可以比较，不同作品中的人物也可以比较，这有助于我们在写作时描写刻画人物。

5. 特色比较法。写文章，都是从作品内容出发，采用与之相应的表现手法。如在人物刻画上，或以肖像刻画取胜，或以心理描写见长；在线索安排上，有的明暗交错，有的虚实相间。通过比较，总结出各自的特色，有利于启迪读者的思维。

6. 分析比较法。每个作家都有其个性，个性形成了作品的风格。分析比较，就能抓住特色，领会精髓，提高阅读效率。

第二章　记忆法

13　归类记忆法

归类记忆法是人们在学习和工作中常用的一种记忆方法，它往往是在知识材料积累到一定数量之后进行的，在学习与复习中对不同种类的知识点的记忆就经常要用到这种方法。归类记忆法有以下特点：

1. 知识归类前，先确定归类原则，归纳什么，扬弃什么，目的明确，提高理解力和记忆力。

2. 归类过程中，在不同门类之间不断进行对照，相似、相类的材料相互启发，能温故而知新。

3. 知识归类后，在复习时要各个击破，注意力集中，避免了不同类材料相互干扰。

4. 归类法是其他记忆方法的基础，其实就是为其他记忆方法提供前提，因为归类之后，才有可能制成图表、提纲便于记忆，只有归类合理，图表才能制作精良，提纲才可能条理清晰。

归类是去芜存菁，相应减少材料，缩短学习时间，提高记忆。归类的标准不是单一的，它是需要在学习中根据实际情况来确定的。因此，材料的合理归类就显得重要，在进行材料归类时有以下几个方法：

1. 归类不是按一个标准，也可以按记忆对象的性质、材料、大小、重量、场所、时代等等进行。在阅读文章时的时候，可以把同义、近义的

词列在一起，譬如：安顿、安放、安排、安置；宁静、平静、清静，再仔细体味其"同"中之"异"。也可以把反义词组合在一起，美与丑、优与劣、真与假、进步与落后、战争与和平等等。

2. 进行归类时，分为几个组，各组有多少个物体必须要适度，如果分组太多，记忆仍非常费劲，分组太少，组内个数就会增加，而各个组的个数也不能相差太大，每个"组块"应在 7 ± 2 个为宜。

3. 学会概念分类。因为，我们的思维是以概念来把握事物的，所以对事物的分类就是对概念的分类。并且概念分类能够揭示事物之间的内在联系，并记住它。如，东汉医学家张仲景在《金匮要略》的第一篇中对疾病进行分类，他以经络和脏腑为分类的纲，再按三阳和三阴即所谓六经的表里，把五脏六腑的疾病分为36种，列出系统的分类表。这样，不仅说明了可能发生的疾病种类，而更重要的是由此揭示了病变的部位关系，掌握各种病变之间的逻辑联系。

4. 按照逻辑学的属种关系归类。如，时间、人物、事件、体裁等划分归类。如，文学基础归类：将其中自成体系的东西归成几大类，内容不外乎现代文学、古代文学、外国文学、古代汉语、现代汉语、写作等几大类。

通过以上归类方法可以达到理清思路、抓住重点、方便记忆的目的，也为其他记忆方法做准备。

14　系统记忆法

系统记忆法，就是按照科学知识的系统性，把知识梳理成章、编织成网，这样记住的就是一串。就像零散的珠子，我们一手抓不了几粒，如果用一根线把这些珠子串起来，提出线头就可以拿起一大串。记忆也是这样，分散的知识不便于记忆，也不能长久保持。把知识条理化，系统化了，就会在脑子里留下深刻的痕迹。例如：记忆圆形、扇形、弓形的面积公式时，可以这样记忆：首先抓住这三种形状的关系，扇形是圆形的一部分，弓形又是扇形的一部分，然后再把几种图形面积的公式串起来。这样记忆起来，就不困难了。

记忆是智慧的仓库，但这个仓库里不能杂乱无章，应该把各种知识分门别类地放在应放的位置上，这样记得清楚，提取也方便。因此，系统记忆法还可以采用列表比较的方法。在列表的过程中，也可以培养比较和归纳的能力。往往是一张表整理出来了，知识在脑子里也就清晰了，不需要专门去背，也能记得很牢。

记忆分为"记"和"忆"两个过程。"记"是通过强化刺激，在大脑中留下痕迹。"忆"是把大脑里形成的刺激联结给取用出来。要想提高记忆的效率，必须把更多的时间从"记"转到"忆"来，主要就是通过回忆、思考、联系实际来熟悉并强化刺激联结。

系统记忆法在"记"的过程中强调分类存储。相当于仓库，只有分类清晰，结构有序，才可能迅速地从中找到东西。有序地"记"，将为"忆"提供了极大的便利。在"记"的过程中，先在心里构架一个体系树模型。这模型仅仅是一个结构。在开始的时候，可以以教材的目录、章节为节点，构架体系树。在记忆的过程中，要学会找出记忆内容，通过分析、归纳，将知识点的特性，特别是与其他知识点或者外界联系发掘出来。然后将记忆内容放在体系树上。相当于树的叶子、果实、花和嫩芽。可以根据记忆内容的特性，调整体系树结构。可以根据感觉和推理，留出体系树的空缺部分。有些教材仅仅是一个方面的内容，适当的空缺就是和其他相关教材或学科的接口。

在结构体系树的时候需要运用的思考，就已经开始包含"忆"的成分了。只有"忆"，才可能取用其他知识点，并与此知识点发生联系。结构树需要不时地回想，以扫描缺少的枝叶，再及时地集中精力，将遗失的枝叶重新挂到体系树上。

回想的过程就是"忆"的过程。要做到心中有"树"，就是"忆"的基础上的体系树。

因此，做到"记"和"忆"的统一，增加刺激联结是记忆的诀窍。这也是系统学习法最有效的地方。

"记"和"忆"是两个不同的过程，但是他们不是孤立的，而必须交错行进。

根据"忆"的需要去补充"记"，将使"忆"更有效，也更完全。

体系树对于"忆"来说是相当重要的。从一系列刺激联结迅速找到想要的内容，这只有清晰的体系树才能做到。

就像收拾房子，如果大致分类，什么东西在什么地方，这就会给使用制造方便。否则，就算这物品（刺激联结）实际存在，也找不出来。不能使用，相当于没有。

人有遗忘的本能。如果刺激联结无序，很可能就作为无效信息，清理出大脑。记忆的效率将很低。

15　理解记忆法

理解记忆法就是在积极思考、达到深刻理解的基础上记忆材料的方法。理解记忆的基本条件是对材料的理解进行思维加工。有些材料，如科学要领、定理、规律、历史事件、文艺作品等，都是有意义的。人们记忆这类材料时，一般都不采取逐字逐句强记硬背的方式，而是首先理解其基本含义，并借助已有的知识经验，通过思维进行综合分析，把握材料各部分的特点和内在的逻辑联系，以便于记忆。理解记忆的全面性、牢固性、精确性及迅速有效性，有助于学习者对材料理解的程度。

德国心理学家在做记忆的实验中发现：为了记忆住 12 个无意义音节，平均需要重复 16.5 次；为了记住 36 个无意义章节，需重复 54 次；而记忆六首诗中的 480 个音节，平均只需要重复 8 次！这个实验告诉我们，凡是理解了的知识，就能记得迅速、全面而牢固。

理解记忆是以理解材料内容为前提的。这种理解不仅指看懂了材料，而且包括搞懂了材料各部分之间的逻辑联系，以及该材料和以前的知识经验之间的关系。

我们平常说泰国的首都曼谷，实际上这是一个简称，泰国首都的全称是"共台甫马哈那坤奔地娃劳狄希阿由他亚马哈底陆浦改劝辣塔尼布黎隆乌冬帕拉查尼卫马哈洒坦"，共 41 个字。要把这 41 个字都背下来，可不是一件容易的事，恐怕比记圆周率小数点之后 41 位还要难得多。我们不妨来背背这两首诗，一首是李白的《望庐山瀑布》：

日照香炉生紫烟，遥看瀑布挂前川。

飞流直下三千尺，疑是银河落九天。

还有一首是唐朝著名诗人王之涣的绝句《登鹳雀楼》：

白日依山尽，黄河入海流。

欲穷千里目，更上一层楼。

这两首诗的总字数比泰国首都全名还要多 7 个，可是只要读几遍也就会背了。原因就在于这两首诗形象易懂。

既然记忆有这种规律特点，那么在学习的时候就要经常有意识地运用

理解记忆，在记忆的时候展开积极的思维，这样才能取得良好的效果。如果在可以运用理解记忆的时候不去运用，而偏偏要使用机械记忆进行无意义的重复，那可就不止事倍功半，而是相差10倍20倍了。

我们在记忆材料的时候，只要它是有意义的，就应该向自己提出"先理解、后记忆"的要求，把材料分成大小段落和层次，找出它们之间的逻辑联系，而不要从一开始就逐字逐句地记忆。

例如，背文言文，如果不把文言文的意思弄懂，那么就会像背天书一样，非常吃力。如果把文言文里的实词、虚词都弄懂了，把全篇的中心意思都掌握了，这时再背，就是在理解基础上记忆，背起来就会快得多，印象也深得多。

有时理解了也不一定能记住。所以，对于理解了的东西，往往也还需要多次重复才能记住。

16 联想记忆法

联想记忆法就是利用联想来增强记忆效果的方法。联想，就是当大脑接受某一刺激时，浮现出与该刺激有关的事物形象的心理过程。一般来说，互相接近的事物、相反的事物、相似的事物之间容易产生联想。用联想来增强记忆是一种很常用的方法。

联想记忆法分为以下三种具体方法：

1. 相似联想法。当一种事物和另一种事物相似时，往往会从这一事物联想起另一事物。因此，利用这种方法把记忆的材料与自己体验过的事物连接起来记性，达到的效果就会更好。

比如，在英语单词里，有发音相似的，有意义相似的，这些都可以利用相似联想法来帮助记忆。

辽宁黑山北关实验学校和北京景山学校在小学低年级试验一种集中识字的方法，可使学生在两年内认字 2500 个。这种识字法就运用类似联想记忆法的道理，把字形、字音相近，能互相引起联想的字编成一组一组的，像把"扬、肠、场、畅、汤"放在一起记，把"情、清、请、晴、睛"放在一起记。每组汉字的右边都是相同的，每组字的汉语拼音也有共性，前一组的汉语拼音后面都是"ang"，后一组的汉语拼音都是"qing"，这样就可以学得快、记得住。

2. 接近联想法。两种以上的事物，在时间或空间上，同时或接近，这样只要想起其中的一种便会接着回忆起另一种，由此再想起其他。记忆的材料整理成一定顺序就容易记了。

例如，有的人有时候一下子记不起一个很熟的外语单词，明明是经常复习的，连这个字在教科书上什么位置都能回忆起来，可一下子就想不起来了，那他就可以从这个字在书上什么地方想起，想想它前面是个什么词，后面跟了一个什么词，这样反复地联想，往往能回忆起这个单词来。这个词和前后词的关系是位置接近，这种联想就叫空间上的联想。还有一种时间上的联想。比如一个人在一本辞典上看到对某个词的很有意思的说明和解释，告诉了另外一个人。那个人也很感兴趣，问他是在哪本辞典上查到的，要去亲自查看一下全文。可惜他已经记不清是在哪本辞典上查的了。于是这个人就回忆当时查辞典的情形。首先想起是前天晚上查到的，记得那天晚上他还为这事高兴了好一会。再仔细一想，原来这个词是在《辞海》上看到的。因为自己前天晚上只查过《辞海》，其他那些辞典前天上午就都归还图书馆了。这样，通过时间上的联想，准确地回忆起自己查的是《辞海》，不是其他的辞典。

3. 对比联想法。当看到、听到或回忆起某一事物时，往往会想起和它相对的事物。对各种知识进行多种比较，抓住其特性，可以帮助记忆。这就是对比联想法。

许多诗集、对联大多按对仗的规律写出来的。如：杭州岳飞庙有这样一副对联，写的是"青山有幸埋忠骨，白铁无辜铸佞臣"。"有"和"无"是相反的，埋下烈士忠骨和铸就奸臣是相对比的。相传这里埋着民族英雄岳飞的忠骨，后人由于痛恨奸臣秦桧用阴谋害死了他，用铁铸了秦桧夫妇的跪像放在墓前。只要记住这副对联的上句，下句也就不难凭对比联想回忆起来了。在背律诗时，往往感到中间两联好背，原因就是律诗的常规是中间两联对仗。对仗常用这种对比，例如"金沙水拍云崖暖，大渡桥横铁索寒"。又如唐朝诗人王维的《使至塞上》诗的中间两联："征蓬出汉塞，归雁入胡天。大漠孤烟直，长河落日圆"。相对比之处很多，由前一句可以很自然地想起后一句。

17 多通道记忆法

要记忆外部信息，必先接受这些信息，而接受信息的"通道"不止一条，有听觉、视觉、触觉等等。有多种感知觉参与的记忆，叫做"多通道"记忆。这种记忆方法效果比单通道记忆强得多。

古书《学记》中有这样一句话："学无当于五官，五官不得不治。"意思是说，学习和记忆如果不能动员五官参加活动，那就学不好，也记不住。这说明远在 2000 年前我国古代人就已经认识到读书学习要用眼看，用耳听，用口念，用手写，用脑子想，这样才能增强记忆效果。

宋代学者朱熹说，读书要三到："谓心到、眼到、口到。心不在此，则眼不看仔细，心眼既不专一，却只漫浪诵读，决不能记，记亦不能久也。三到之中，心到最急，心既到矣，眼、口岂不到乎。"

现代科学研究表明，人从视觉获得的知识，能够记住 25%，从听觉获得的知识能够记住 15%，若把视觉与听觉结合起来，能够记住 65%。

有位老师曾经用三种方法让三组同学记住十张画的内容：对第一组同学，他只是告诉说画上画了些什么，并不给他们看这些画，也就是说这组同学只是听，没有看。对第二组同学正好相反。老师给他们看这十张画，可是不再给他讲每张画画了些什么，也就是说这组同学只是看，没有听。对第三组同学是又让听又让看。老师不但告诉他们画的内容，而且在讲每张画的内容的同时，就给他们看那张画。过了一段时间，老师分别问这 3 组同学记住了多少画的内容。结果第一组记住的最少，只有 60%；第二组稍多，记住了 70%；第三组记住最多，达到 86%！这说明在记忆过程中，如果把所有的感觉器官一齐调动起来，记忆效果就会更好。

多通道记忆法需要动用大脑的各部位协同合作，来接收和处理信息。这种方法在掌握各种语言文字的过程中效果显著。因为不论哪一种语言，学习目的总是为了读、写、听、说，这四种能力恰恰涉及到信息输入和输出的四种不同的通道，因此，在学习语文、英语时，最好采用多通道记忆法，边听边记，有人说"好记性不如烂笔头"，其强调的就是"眼过千遍，不如手写一遍"，由此可见，动笔对于记忆的重要性。

因此，在学习过程中，要多运用多通道记忆法，边听边积极思维，以听懂为第一，总结出所接收的语言内容的要点，并在其语言停顿的空隙，扼要地记上几个字或几句话。

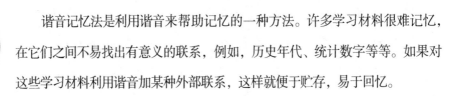

18 谐音记忆法

谐音记忆法是利用谐音来帮助记忆的一种方法。许多学习材料很难记忆，在它们之间不易找出有意义的联系，例如，历史年代、统计数字等等。如果对这些学习材料利用谐音加某种外部联系，这样就便于贮存，易于回忆。

从前有个爱喝酒的私塾先生，一天他给学生们布置了一道题目，要把圆周率背到小数点后30位，并宣布放学前考试，背不出不得回家，说罢就走了。

学生们望着这一长串数字3.1415926535897932384626433383279，个个愁眉苦脸。一些学生摇头晃脑地背起来，还有一些顽皮的学生揣好题单，溜出私塾，跑上后山去玩。忽然，他们发现先生正与一个和尚在山顶的凉亭里饮酒作乐，就扮着鬼脸，钻进了林子。夕阳西下，老师酒足饭饱，回来考学生。那些死记硬背的学生结结巴巴，而那些顽皮的学生却背得清脆圆顺，弄得老师莫名其妙。原来，在林子里玩耍时，有个聪明的学生把要背诵的数字编成了谐音咒语："山巅一寺一壶酒，尔乐苦煞吾，把酒吃，酒杀尔，杀不死，遛尔遛死，扇扇刮，扇耳吃酒。"一边念，一边还指着山顶做喝酒、摔死、遛弯、扇耳光的动作，念叨了几遍，终于都把它记住了。

待老师喝酒回来，个个背得滚瓜烂熟。这种聪明的学生就是利用谐音法来帮助记忆的。

不少人觉得记忆历史年代是件很苦恼的事，不容易记住，而且还容易混淆。但是，要学好历史，又必须记住历史年代，因为没有时间也就无所谓历史。于是，许多聪明人利用谐音法来帮助记忆历史年代。比如，马克思诞辰是1818年5月5日，以谐音处理为"马克思一巴掌一巴掌打得资产阶级呜呜直哭"，这样就能轻而易举把它记住。再如，甲午战争爆发于1894 年，用它的谐音："一把揪死"，就非常容易记住。

运用谐音记忆法，需要根据具体材料而定，一般适用于简短的、无意义的零散材料，尤其是数字材料。编写谐音材料，是为了帮助记忆，方便有些材料对外交流。

谐音可以使无意义的材料变为有意义的材料，帮助人们进行理解记忆。地理课本上写道："拉丁美洲的国家有洪都拉斯、巴拿马、哥斯达黎加、尼加拉瓜、萨尔瓦多、瓜地马拉（现译危地马拉）。"如果我们用红笔把各国为首的一个字圈出，就成了"洪巴哥尼萨瓜"。如果我们借助谐音，就念成——"红八哥你傻瓜。"再在脑子里想象一只红羽毛的八哥，傻里傻气的样子很快就可将这些国家名记住。

再如，用谐音法记忆通讯号码。电话号码 2641329，可用谐音记作："二流子一天三两酒"。

当然，谐音记忆法只适于帮助我们记忆一些抽象、难记的材料，并不能推而广之，用于记忆所有的材料。

19　口诀记忆法

把记忆材料编成口诀或合成押韵的句子来提高记忆效果的方法，叫做口诀记忆法。这种方法可以缩小记忆材料的数量，把记忆材料分成组块来记忆，加大信息浓度，增强趣味性，不但可减轻大脑负担，而且记得牢，避免遗漏。

心理学研究表明，人的记忆是以"组块"为单位的，每一个组块内的信息量多少是相对的。一个字母可以看作一个组块，一个单词，一个词组

也可以看作一个组块，一个句子也可以作为一个组块。组块内部的信息不是各自独立，而是相互联结的，如果善于把记忆材料分成适当的组块，就能够大大提高记忆效果。口诀记忆法就是符合组块规律的一种记忆方法。

口诀大都押韵，朗朗上口，容易记忆。例如，我国的二十四节气歌，在劳动人民中间世代相传，且有强大的生命力：

春雨惊春清谷天，

夏满芒夏署相连；

秋处露秋寒霜降，

冬雪雪冬大小寒。

上半年来六廿一，

下半年是八廿三；

每月两节日期定，

最多相差一两天。

除二十四节气歌外，乘法口诀、珠算口诀、百家姓等都是运用口诀记忆法的实例。

编口诀有许多种方法。

有一个标点符号的顺口溜，用的是罗列法：

一句话说完，画个小圆圈（。句号）

中间要停顿，小圆点带尖（，逗号）

并列词句间，点个瓜子点（、顿号）

并列分句间，圆点加逗号（；分号）

疑惑与发问，耳朵坠耳环（？问号）

命令或感叹，滴水下屋檐（！感叹号）

引用特殊词，蝌蚪上下窜（""引号）

文中要解释，两头各半弦（（）括号）

转折或注解，直线写后边（——破折号）

意思说不完，点点紧相连（……省略号）

特别重要处，字下加圆点（·着重点）

编口诀还有一种利用形象的方法，易于引起联想帮助回忆。

例如，汉语拼音字母中的"n、m"样子像门，"f"像拐棍，"t"像伞把，"h"像椅子，"k"像有个东西往下磕，"l"的发音像"嘞嘞嘞"的声音。

于是可以编成口诀：

一门n，二门m，

拐棍f，伞把t，

椅子h，碰壁k，

小棍赶猪嘞嘞嘞。

对于一些容易混淆的字，我们用发掘特征的办法编成口诀特别便于记忆，容易分辨。比如，己、已、巳几个字容易混，可以编成这样的口诀：堵巳不堵己（自己的己），半者和念已（已经的已）。

"买"、"卖"这两个字很多小学生容易弄混，可以运用联想法编成口诀：少了就买，多了就卖。在日常生活中，人们通常是缺少了什么东西才买，"买"字恰恰比"卖"字少了个"十"字头，因此可以联系起来记。

多种方法综合起来编口诀也很方便，比如综合罗列法、特征法、直观形象法很快就可以把"熟"字编成这样的口诀：一点一横长，口字在中央，子字来报信，九个一起忙，下点一把火，烧熟一锅汤。这些不同的口诀记忆方法，我们可以根据情况加以运用。不过要注意的是，如果口诀很不容易编，记忆的对象又并不常用或都很简单，用其他方法记忆很方便，那就用别的方法。否则为了编口诀就花去很多时间，就有些得不偿失了。

20 储蓄记忆法

有许多人，读的书确实很多，当时凭脑子也记得一些东西，但时过不久，就忘得差不多了，等到要用的时候，又捕捉不到了，就像竹篮打水，结果却是场空。还有种方法是外储，就是利用笔、本、卡片、录音磁带等来储存必要的知识。内储和外储两者要兼顾。

我国著名的历史学家吴晗总是随身携带着一叠卡片，在阅读书籍、报刊时，凡是遇到对他有价值的资料，就抄在卡片上，每张卡片只记录一件事或一段话，并且记下出处。在他的书房里，不仅有卡片柜，还摆着许多卡片盒。多年来，他亲手做读书卡片几万张，并按内容分类，把大量的资料储存起来，像使用银行中储蓄的钞票一样，随时用随时取。这样做，既方便，效果又好。记卡片，确实是读书、自学中储存知识的好方法。

那么，这种习惯是怎样形成的呢？就是在读书、看杂志、看报纸时就应该把卡片、笔摆在旁边，遇到有应该记的，包括自己在读书时闪现的想法、感受或有些疑点、动人故事等立刻写在卡片上，不要偷懒或过分相信自己的记忆力。如果环境不允许当时写，就把卡片夹在应该记的书页里，以后有时间补记下来。

记卡片的方法是很多的，各人的办法也不尽相同。最好的办法是把卡片随时进行分类，就是把读书的卡片分成若干个大类，装在纸袋里，标上类别，按照一定顺序整齐地存放起来。如果有条件，把卡片放人卡片盒中，然后再做一张导卡（也叫指引卡，导卡有高出普通卡片的突出部分，在这个突出的部分写上类目或标记符号，然后插在该类的最前面）。

为了把读书卡片记得更好，发挥其更大的效率，还须注意以下几点：

1. 卡片的大小要差不多，用稍好一点的硬纸即可，可以自己裁制，不一定非用买的卡片不可。

2. 记卡片的格式要一致。如题目、内容、出处，要按照一定的格式写，不能随意地想怎么写就怎么写，否则就会杂乱无章，眉目不清，到用时查起来麻烦。

3. 资料最好记录在卡片上。如果是自己订的报刊资料，可以剪下来贴在卡片上；如果剪报比卡片大，可以折叠一下，用些别针夹在卡片上。

4. 字迹要清楚，不可马虎。近代思想家章太炎说过："一字不清，误事千载。"所以读档卡片一定要认真抄写。写完以后，还要认真校对一下，避免差错。

5. 用完卡片以后要及时地放回原处，以方便今后再次查找。

21　限定时间记忆法

限定时间记忆法是限定记忆时间，力求在预定时间内完成一定记忆任务的记忆方法。由于人的大脑有一定的惰性，在没有紧迫的记忆任务的情况下，常易产生松懈情绪，降低记忆的效率。如果我们在记忆的时候给自己限定记忆时间，并要求自己在预定时间内完成一定的记忆任务，能使自己产生紧迫感，让自己头脑活跃，各部的精力都投入记忆，从而达到较好的记忆效果。

也许你有过这样的体会，老师在这星期一布置了一篇作文，让下个星期三交，不少同学都会留到星期日去做。而平时两个小时很难写完的一篇文章，在考试时，谁都必须在两个小时做完。这个原因主要是，人的大脑表现出一种明显的惰性，在没有时间限制，没有紧迫感的情况下，往往紧张不起来，因而会直接影响记忆效率。弄清了大脑这一特性，在记忆某些

材料时，可以自己命令自己，必须在一定时间内完成，这样，会使大脑紧张起来，积极投入记忆活动。

前苏联著名的昆虫学家柳比歇夫是善于计算时间的楷模，他对自己实行一种"时间统计法"，从 1916 年元旦开始到 1972 年逝世为止，56 年如一日，从未间断过。他要求自己按限定时间完成预定工作量，据说正负误差一般不超过 10 分钟。在限定的工作时间里，他精力高度集中，排除一切干扰，因而确保了工作效率。

在记忆活动中，我们可以利用这种方法，面对记忆任务，对自己提出时间限制。不过，这样做必须有个时间计划，习题在限定的时间内能够完成。如果估不准，可以稍宽打一些，否则，与实际情况差距太大，就会流于形式，难以奏效了。

如，三国演义中的曹操自己根据毕生的军事经历编写的《孟德新书》在张松默记并背诵后，将《孟德新书》烧毁的故事，由此可见，情况紧急下，短时间内限定时间记忆的效果是很惊人的。

当美国著名的汽车制造创始人克莱斯勒还是个修理火车头的工人时，有一次，他用一般人无法想象的速度修完了所有的火车头。原因是若不修完这些火车头，车站没有备用的车头，可能会造成许多车次脱班的情况。他说："若不是在迫不得已的情况下，我的动作无法如此迅速。"当考试来临时，学生会遇到同样的境遇，这时会有一种鞭策自己用功的紧张情绪，因此自然会产生读书的欲望。这时集中精力全身心投入，便能充分发挥潜力。

当我们全神贯注去记忆时，由于自身的惰性干扰、自我压抑、情绪波动干扰都能降到最低点，而潜在的记忆能力，在冲破这些干扰、压抑之后，当然容易开发出来，于是记忆效率常常是平常的两倍，甚至是三倍、四倍。这主要强调珍惜时间，意识到一分钟的宝贵，增强全身心进入记忆状态的能力。

如：有的老师在课堂上限定学生半分钟背一篇《论语》，98％的学生能在规定的时间内完成任务。虽然时间短，但效率高。在朗读、背诵时，给自己限定时间，规定数量，如：一分钟背出一段文章，三分钟内读上两遍。读时逐步加快速度。先稍快，再加快，再特快，并要快而不乱，快而不错，迫使自己的注意力高度集中，使记忆信息迅速输入大脑，获得强烈印象，达到记忆的目的。

在运用限定时间记忆法时，所限时间的长短应根据记忆内容的多少和难易程度来确定。所限时间过长，就不能产生通过积极进取达到记忆目标的必要性；反而更让人变得懒惰。所限时间过短，又会使识记者看不到达到记忆目标的可能性，从而丧失信心。如，把 26 个英文字母 abcdefghijklmnopqrstuvwxyz 让一组读者限定 2 分钟记忆，若又把 26 个英文字母打乱排列成为 bevdJwgtkaiyhxnlrzqpmsoucjf，让另一组读者限定 2 分钟记忆。结果表明，第一组很轻松地完成了任务；第二组没能在规定时间完成，所用时间大大超过第一组。原因在于，当难度不同时，所规定的时间也要不同，不能想着自己一下就能把全部的都记住，这样很容易丧失信心。

当我们遇到数量不大而又比较容易的材料时，就可以采用限定时间法把它一气呵成地记住。资料数量大且比较难时，可先用部分记忆法将其分割成几个部分，限定一个时间来记忆，最后再整体记忆一遍。

如此看来，对记忆时间的限定必须适度。限定时间适度，明确了记忆的目的和记忆过程，用自我勉励和表扬法，记忆自然就轻松了许多。这样渐渐能坚定记忆的信心，培养记忆的兴趣。

限定时间法更适用于考试前的突击。因为，考试时我们需要一种背水一战的心态，这种心态很有价值。当一个人遇到时间限制时，大脑会空前

上篇

一般学习法

兴奋，全身心都投入到当前的活动中。如果我们人为将考试"提前"，将复习时间缩短，就可以调动全部潜能，进入高强度、高密度的记忆状态，由此大大提高单位时间的记忆量。事实表明，这种人为制造紧张空气的方法很有成效，尤其适于那些平时抓不紧、意志较薄弱的同学。

22 提纲记忆法

提纲记忆法就是把所学的知识用线索"串"起来，就像纲绳总揽渔网，绳索串起铜钱那样。

我国唐宋八大家之一的韩愈是个自学成才的文学家。他自幼苦读，在"口不绝吟于六艺之文，手不停披于百家之编"时，非常注重笔记。读记事文章时，总要提出纲要；读立论书籍时，总要勾出精义。他常说：记事者必提其事，纂言者必钩其玄。而伟大的马克思更是善于运用提纲记忆法的大学者，他特别重视作阅读提纲，认为一种通晓识记材料的必要工作过程。他甚至花了大量时间和精力，为自己个人的藏书做了提要，使书中的精华了然于胸。

由例子我们可以看出，提纲记忆实际上就是把一篇文章的主要脉络通过编写提纲的过程，分类、整理、综合、分析、概括成便于记忆的线索材料，整理者在这个过程中自然而然消化了材料精神，深化巩固了记忆。

提纲记忆法主要有这样几个阶段：

1. 分析。通过分析对材料进行消化理解。我们在阅读一本书的时候，可以在学习前先看内容提要和目录，从宏观结构上弄清各章节之间的关系。然后再看前言或后记，了解作品写作背景和写作意图。阅读时，可先泛览几遍，再了解作品写作背景和写作意图。阅读时，可先泛览几遍，在了解全篇的基础上，划分段落，反复揣摩，尽快掌握文章的整体布局及脉络。

2. 综合。对识记材料进行全面概括，提炼出记忆的重点。在划分文章段落的基础上，根据分析结果写出段落大意，总结全篇的中心思想，在此基础上，再进一步找出文章的要点、难点，并用提纲形式概括出来，这也就是我们要记忆的重点。

3. 表述。对需要记忆材料的总结过程。我们在阅读书籍后，可以合上课本，把经过咀嚼阅读、消化、分析而印证在头脑中的提纲表述出来。如果你的表述十分完整、确切，那就说明识记材料的内容已经为你所掌握，如果表述残缺不全，丢三落四，那就还要进一步熟悉提纲。

4. 整理。对所提练提纲最后确定的环节进行整理。整理提纲的方法很多，对记忆都有较好的效果，常用的有以下几种：

（1）抄提纲。每本书都有目录，目录既精炼又概括。

（2）读目录，可使一本书的内容一目了然，可以使记忆成系统，帮助我们进行整体记忆。

（3）编写提纲。编写提纲的目的是抓住记忆的主干。

（4）改写提纲。对有些书籍的提纲可以进行凝缩、稀释、增删合并，使之更趋于合理化；对自己编写过的提纲也可进行改写，这样使记忆更加牢固。

提纲记忆法在运用中要及时温习，提纲虽然简明扼要，但也不是一下子就记在心中的，也应经常复习，经常默写，这样才能长久记忆。

23 互问互答法

互问互答法就是指在学习过程中，我们可以根据实际情况，选择和"同学"结成学习对子，以互问互答、互帮互学的方法来记忆。这无疑也有助于双

方的学习效率和质量的提高。互问互答学习法的基本流程是：双方首先在规定的时间内，将要掌握的内容先各自复习、记忆、巩固，待基本掌握后，由一方提问，另一方回答，如此对调循环，直至取得满意的效果为止。

这种记忆方法的好处在于：

1. 有助于调动双方学习的积极性，提高学习效果。因为，学习本身就是一件"苦差事"，尤其是复习记忆容易使人产生单调、乏味之感，如果总是一个人苦思冥想，死记硬背。时间一长就会容易疲劳，甚至厌倦，如果是两个同学之间以互问互答、互帮互学的形式来学习的话，不仅学习、记忆起来也轻松愉快，并且很容易发现对方的问题，从而在同样的学习时间，同样的学习条件下，提高学习效果。

2. 有利于提高学习的质量。互问互答学习法不仅能调动我们的思维器官，而且也调动了我们的感知器官，更有助于提高学习效果。而且在学习中双方可以互相学习，取长补短，共同解决掉学习中的问题，也有助于双方学习质量的提高。

3. 有利于我们养成良好的学习习惯，提高学习的自觉性。互问互答，互帮互学的这种方式，容易在同学之间形成一种无形的竞争、监督和约束机制，从而有利于调动我们的学习积极性和主动性，充分挖掘双方的学习潜能，最大限度地降低学习上的盲目随意和自由散漫，使我们逐渐养成一种良好的自觉的学习习惯，将"让我学"转变为"我要学"的局面，从而大大提高学习的效果和质量。

第三章　预习的方法

24　温故知新预习法

《论语·为政》中提到："温故而知新，可以为师矣。"意思是说："温习过去所学的知识，能有新收获、新发现，这样就可以当老师了。"我们在预习新课时，同样需要做到这一点。

新课中要用到某些旧知识，而这些旧知识由于学过的时间较久生疏了，如果不复习一下，就会影响新课内容的学习。这时，可以先复习有关的旧知识，以便顺利学习新课。这样，在预习新内容时，不但对已学知识获得新的认识和体会，还能更好地预习新课内容。

每天抽出一定时间复习当天所学课程，接着往下学习新内容。由于刚刚复习完，对知识有较深的理解，沿着已有的思路再往下进行新一轮学习环节，非常容易进入学习状态。这就是预习环节与其他学习环节一起做的方法。

这种方法，对于每天都要上的重要科目很实用，比如，语文课、数学课、外语课等学科。"温故知新"预习法，不仅巩固了以前学过的知识内容，而且还预习了新课程，可谓是一举两得，我们不妨试着做一做！

25 表格预习法

一些同学的预习之所以达不到预期目的，主要是因为他们在预习时只是马马虎虎翻了翻书，走的是预习形式。通过预习环节，我们必须要找出新课内容的重点、难点和疑点等问题。因此，不妨设计一个表格，化难为易，化繁就简。

现在我们所学习的教材中，有许多具有强烈对比和内涵深刻的句、段，既是教学重点，又是教学难点。运用表格预习把突破的学习重点、难点设计成几个小问题，可以分散难点，取得良好预习效果。

比如：小学语文中的一篇童话故事《三袋麦子》一文预习中设计这样的表格：

人物	怎样看待这袋麦子	如何处理	土地公公的评价
小猪			
小牛			
小猴			

这个表格的设计，使小猪、小牛和小猴处理一袋麦子的方法一目了然，使我们在预习时有了思考的顺序，预习效果得以保证。

再有，以物理为例：

内容	第一章机械能
重点	重要概念 A. 能量：一个物体能够做功，我们就说它具有能量 B. 动能：（略） C. 势能：（略） D. 机械能：（略）
难点	动能与势能的转化
网络	1. 动能与势能 2. 动能与势能的转化 3. 水能和风能的利用

26 圈点标记预习法

著名语言学家王力先生看过的书，空白处写满了文字，即有对书籍内容的评价，也有自己的读后感。毛泽东同志在阅读《伦理学原理》一书时，用工整的毛笔楷书，把批注写在书眉、空白的地方和字里行间，共写下了13100多字。列宁读《哲学笔记》时，还使用了许多数学上的符号，如"＞"（大于）、"＜"（小于）、"＝"（等于）等等。

这些名人所用的读书方法，就叫做圈点标记法。在预习过程中，边阅读边在书上写写画画，用一套能代表某方面的理解意义的符号在字、词、句、段上圈点勾画，并划出层次段落，注释一些生字难词，概括教材的大意，写出自己的心得感受等。这样进行预习，不仅读后不易忘记，而且把重点、难点勾画了出来。

符号圈点的步骤，即读、想、记三个环节结合进行比如，一位同学预习初中语文课文《孔乙己》时所加的圈点批注：

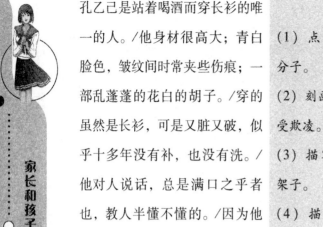

孔乙己是站着喝酒而穿长衫的唯一的人。/他身材很高大；青白脸色，皱纹间时常夹些伤痕；一部乱蓬蓬的花白的胡子。/穿的虽然是长衫，可是又脏又破，似乎十多年没有补，也没有洗。/他对人说话，总是满口之乎者也，教人半懂不懂的。/因为他姓孔，别人便从描红纸上的"上大人孔乙己"这半懂不懂的话里，替他取下一个绰号，叫做孔乙己。

(1) 点出身份：穷困潦倒的知识分子。

(2) 刻画肖像：没有谋生能力，经常受欺凌。

(3) 描写衣着：褴褛，但放不下臭架子。

(4) 描写言谈：自命清高，实则迂腐。

描红纸：小学生练毛笔字用的红模子。

这位同学用"﹏﹏"标出出了生字难词，用"·"标出重点词，用""划出重点句，用"/"分出层次，并用批注的形式概括了每一层的主要意思。这样预习，会在阅读中迅速把握关键词句、重点内容，提炼出文章的中心，有助于深入理解文章的思想内容。

运用符号圈点法必须注意：

(1) 符号简明醒目，至于用什么符号，可根据各人的爱好而定。一般来说，经典论述或定义用"＝"、作者的观点、要点用"——"；关键词句用"……"；需要认真考虑或理解的地方用"？"；对其观点、论据或逻辑的正确性存有疑问用"？？"；要特别注意的地方用"△△"等等。用什么符号代表什么意思要始终一致。

(2) 圈点勾画，要在理解内容的基础上进行。

（3）符号不要过多过，否则会因零乱而难以辨认。

（4）所用的书刊必须是自己的。向其他同学借的书就不要这样做了。

（5）批注的文字应该简明扼要。

27 质疑预习法

质疑预习法就是在预习阅读过程中，对文章阐述的观点、结论以及文中的某些说法进行质疑的方法。质疑并不是目的，目的是为了有针对性地提出不理解的问题，通过思考、查资料、请教老师等方法，找出正确的答案，从而使视野开阔而深入。

我国著名数学家华罗庚在休息之余爱读唐诗。他不只是读，还常提出疑问。唐朝诗人卢纶有一首《塞下曲》："月黑雁飞高，单于夜遁逃。欲将轻骑逐，大雪满弓刀。"他读这首诗时，心中觉得纳闷：群雁在北方下大雪时早已南归了，即使偶有飞雁，月黑又如何看得清呢？于是，他就做了五言诗质疑："北方大雪时，雁群早南归。月黑天高处，怎得见雁飞！"此诗一发表，立刻被许多报刊转载。

过了不久，又有一些人提出反质疑。他们认为卢纶的诗是对的，而华罗庚的质疑是错的。理由是，唐朝时，许多边塞诗人都写过大雪天有飞雁的诗句。如，高适写的"千里黄云白日曛，北风吹雁雪纷纷。"少颀的"野云万里无城廓，雨雪纷纷连大漠。大雁哀鸣夜夜飞，胡儿眼泪双双落。"这样的反质疑有根据，也能使人信服。不难看出，正确的质疑离不开丰富广博的知识。

我们在预习过程中要像华罗庚一样，勇于给自己提出问题。因为只有提出问题，才有可能去进行思考，去读书寻求答案。学习中提不出或者总是提不出掌握知识的关键问题，都不是好现象。我国南宋诗人、哲学家朱熹曾说过："读书，始读，未知有疑；其次，则渐渐有疑；中则节节是疑。过了这一番，疑渐渐释，以至融会贯通，都无所疑，方始是学。"他的切身体会是值得我们借鉴的。总之，应善于把质疑和思考、质疑与攻读有机地结合起来。

预习中带来的疑问，通常可以分为两种情形：一种是结合书本内容提出来的问题，如课后提问、练习等，这只要经过阅读课本，认真思考就可以解决。

另一种是经过深思熟虑才能提出来，还需要用多方面的知识或借助于他人帮助才能解决的问题。后一种总是对我们的学习具有更重大的意义。我们在预习过程中，可以抓住教材内在的矛盾发疑问难。比如，《草船借箭》可抓住诸葛亮对鲁肃说的一段话的矛盾处发疑：诸葛亮为了3天内如期交箭，一方面向鲁肃求援，要借20只船；另一方面又要鲁肃不要把借船的事告诉周瑜，诸葛亮为何只避周瑜，而不避鲁肃？我们要从诸葛亮前后矛盾的语言中去剖析周瑜、鲁肃为人的不同，了解诸葛亮的知己知彼、料事如神，并从中学会怎样发现事物的矛盾和分析问题的方法。

运用质疑预习法，首先要学会质疑问难。首先，必须树立起"尽信书，不如无书"的意识。然后，针对文中的思想和看法提出自己不同的意见，再根据自己掌握的相关知识和资料来论证自己的观点。如果问题难度较大，自己无力解决，可向家长、老师、同学寻求帮助，共同探讨问题，解决疑问，以便及时解决问题。

28 循序渐进预习法

意大利文艺复兴时期著名画家达·芬奇开始学画画时，他的老师天天叫他画鸡蛋。有一次，他不耐烦地问老师："为什么总是让我画鸡蛋？什么时候才能画完？"老师说："别以为画鸡蛋容易，其实一千只鸡蛋里没有两只相同的，即使是同一个鸡蛋，只要换一个角度，形态也不尽相同。例如，把头抬高一点儿，这个鸡蛋椭圆形轮廓就有差异。所以，要在纸上准确地表现出来，非下一番苦功不可，这个基础必须打好。"达·芬奇听了老师的话，更加刻苦地画鸡蛋。经过两三年的时间，把基本功练得相当过硬，终于成功创作出《蒙娜·丽莎》、《最后的晚餐》等这样举世公认的杰作。

学习本身就是一个循序渐进的过程。预习环节同样如此，应该由易到难，由浅入深。

循序渐进预习法要求对课程内容预习两遍，间隔一天。比如，对物理"牛顿第一定律"内容，周五预习一遍，周日再预习一遍。这样，到了下周老师讲到这一内容时，就能更深地理解老师所讲的内容，更容易准确把握重点、难点。

每遍预习时，可分为以下几个步骤：

第一步，通读揽要。看新课题目，想问题，之后初读课文，边读边画出文中不理解的地方。

第二步，掌握并理解课文中的生字新词，把课文读通。对于查不出答案的地方，再用问号标出。

第三步，结合课后练习和自己的问题进行思考，查找和阅读有关参考资料，自己解决一些问题，发现一些新的有价值的问题。

第四步，再读一遍课文，写出自己独特的想法、感受和体验。

最后一步，将课文读熟，用最简练的语言，写出全文的主要内容。

对一篇文章经过这样用心地、反复地读几遍之后，一般问题都能得到解决了，更重要的是通过这样的预习，同学们对文本能有自己独到、深刻的见解和感悟。这对下一步进行课堂听课极其有利。

预习方法和阅读方法一样，是灵活多变，互相结合的，往往是几种方法同步运用，不应绝对分开。并且预习一篇课文也不可能很具体、很细致样样都弄通，只要按学习重点要求，解决主要问题就行了。

29　习题试解预习法

教材章节后面都有思考题，我们可以利用这些题目来检查自己的预习效果。

据调查材料表明，平时坚持预习的同学仅占 20% 左右。而进行预习的这部分同学，较多的人又不看和试解教材后的思考练习题。

有的同学认为，提前做思考题是不是太浪费时间了，那是因为他们没有看到这样做的好处。一位老师对不习惯动手做预习题目的学生是这样评价："现在许多学生预习时，只是随便翻翻，根本不知道动手去做做题。从形式上看，他们太舒服了，一切预习事项都由老师代劳；但从实际上说，他们太吃亏了，几种有价值的心理过程都没有经历到。"

其实，教材后的思考练习题，是编者根据教学大纲的要求，对教材中要点和重点的揭示，是帮助同学理解运用内容的具体指导。

在老师还没有讲解习题以前，在预习时试着去解答某些习题，有两点好处：

1. 习题是课文重点、难点的体现。预习时选做习题，我们就可以轻松地了解到课文的重点和难点。比如，对氧气的制法一节来说，通过对教材的试题的试解后，就能理出本节的重点内容是：①制取氧气的原理；②制取氧气的装置、氧气的收集方法；③催化作用和催化剂的概念；④分解反应概念、特点等。

2. 在试解习题的过程中，如果能做出来，可以提高你解题的信心和兴趣；如果解不出来，或者解错了，则可以提醒自己在课堂上必须认真听课才能把习题搞懂。如果遇到难题，也不必花太多时间钻牛角尖，留一些问题到课堂上解决是很正常的。

这样的预习方法可以使预习更具有针对性，对试解出来的问题，通过听课以加深理解，对试题解不出来的内容，课堂上应格外留心听讲，力求攻克，为提高课堂学习质量打下良好的基础。

第四章 复习的方法

30 三轮复习法

三轮复习法就是把复习时间大致分为3段，每段时间里的复习目的各有侧重，时间长短也各不相同。第一轮复习从八月中到三月初，主要目的是基础能力过关；第二轮复习从三月初到五月中，主要目的是综合能力突破；第三轮复习从五月中到五月底。这一方法，主要适用于高考前的复习。

第一轮复习。第一轮复习要全面阅读教材，在这一基础之上，对各科知识进行梳理和归纳，使知识系统化。这一轮复习的目标是查出所有理解上的障碍，为全面而准确地记忆打下基础。不论平时多么熟悉课本，都不能省略全面阅读教材这一环节。通读的好处在于：①以前的知识往往是零碎的不成系统的，全盘的通读有助于整体掌握知识；②通读可以找出一些以前被忽视的环节或死角；③带着疑问去通读，有助于深刻理解课本内容。一般而言，复习障碍主要有：公式不会运用、概念不清、计算不准、原理模糊等等。这些都是理解的障碍，同时也是记忆的障碍。只有通过全盘的通读，才能分类梳理出知识点，明白各学科的内在联系，形成系统知识网络结构。复习完一个章节，就在只看笔记的情况下，把课本中的知识点一一地看一遍。遇到记不清的地方或理解的不是很透彻的地方，再翻开课本看一遍，这样就会加深记忆。

第二轮复习。第二轮复习要对每一个知识结构及其知识点中的重点和难点，深刻理解，突破难点，把握知识结构内部之间的联系。同时进行解题训练。这一轮复习的目标是彻底掌握基本知识，使各个知识点整体化、有序化、实用化。经过解题复习，使记忆率达到95%以上。

重点是指使用次数频繁、应用价值高、又属于基础知识的那部分内容，它们往往是在考试中每考必现的那部分，是大纲中要求熟练掌握的那部分，也是知识网络横向与纵向的"交叉点"。

难点是指概念比较抽象，易与其他概念相混，运用时易发生错误，能力的要求比较高、比较综合的知识。个体性的难点是由个体思维方法的差异、理解能力的不同以及个体知识中的缺陷与漏洞决定的，这些难点老师一般不会仔细讲，但它们又往往是考生在复习过程中的拦路虎，给考生造成很大障碍，成为考生自卑的原因。因此，每个考生一定要把自己学习上的难点找出来，予以特别重视。

另外，在本复习阶段考生还应注意提高自己的解题能力。解题时，先从显在知识点切入，挖掘出隐含知识点，构成已知条件，并由此为"向导"从大脑中搜索出未知条件知识点，从而得出正确答案。

第三轮复习。第三轮主要是进行检验复习，学生用回忆法把前两轮复习过的内容想一遍，强化记忆。回忆一旦进行不下去，立即看书，看完后，接续回忆线索。

第三轮复习也就是平常所说的冲刺阶段，这段时间的复习效果的好坏很大程度上决定着高考的成败。因此，这轮复习是三轮复习法中最关键的一轮。考生的脑子里不但有了所有课程的框架脉络，而且对于高考试卷的结构、题型也应该有了较深层次的把握。

总言之，三轮复习各有侧重点，但并不意味着这三轮复习是互相独立的。

在考生复习的过程中，巩固基础、难点重点突破和综合应用是相互渗透、相互掺杂的。每轮复习都要精选练习题，既注重夯实基础又注重能力的培养。

此外，复习须讲究策略，要懂得放弃。每个人的精力都是有限的。考生应该把精力花在能够提升成绩的地方。假如多花 30 小时在语文科上，高考成绩能由 100 分提高到 105 分，但多花 30 小时在化学科上，可能高考成绩能由 85 分提高到 95 分。因此，考生应该清楚自己在什么科目上有潜力，提升空间大，便于合理分配复习时间。同样，假设有一科成绩很差，花再多时间，成绩也不会有太大的提升，那么就应该对这个科目有所放弃，把精力花在别的科目上。

31 三步复习法

一般来说，复习可分为三步，当天复习、阶段复习和考前复习，每一步都有自己的重点和相应的复习策略。下面具体介绍这三步：

1. 当天复习，主要以整理笔记和复述为重点。新知识遗忘的 70% 都是在两天内发生的，在尚未出现大量遗忘时候即展开复习，有事半功倍之效。笔记是一种促使学习发生的技术、要想实现高效益，必须做到：①留下每页的 1/4 ~ 1/3 空白；②记下听课内容；③整理笔记，即在新知识学习的当天，对照课本、加深理解，在笔记留出部分写书边注和评语。上述三点中尤其第三点最为重要，因为知识精加工的次数越多，记忆越牢；整理时可以补充细节、举出例子、形成联想，不仅可以促进学习者对知识的理解，更重要的是为今后的回忆提供线索。

2. 阶段复习，主要以梳理比较为重点。从内容上说，阶段复习就是以章为单元来复习。重点解决数学、物理、化学之类理论性较强的科目。

复习的任务就是将分散的知识点梳理成一个整体，并且表示出它们之间的联系。主要的方法是纵向的梳理和横向的比较。首先，可以将分散的知识点比较归类，然后，根据归类列出图来，整理成知识提纲，并高度概括，这样一方面消除了概念掌握上的混淆，加深理解，另一方面又在精简内容的基础上，减轻了记忆的负担。

阶段复习应该每周进行一次，而且采取"滚雪球"的办法：先用较短的时间，比较快的速度复习本周以前所学的知识，然后再集中精力复习本周所学的知识。这样一来，到了考试之前，第一周内容早已复习了近10篇；而第10周的内容刚刚学过，印象会很深。这就为考前复习打好了基础。

3. 考前复习，是以构建知识体系和查漏补缺为目的复习方法。考前复习就是平时我们所说的"总复习"。在考前复习阶段，应在老师的指导下，制订出详细的复习计划，至少复习三轮。可以把考试内容分为几个部分，在不同的时间段分散复习。在复习中，要构建完成各学科知识体系，完整而系统，由上至下、层层深入、条理有序。

从整体上看，三步复习法的第一步是后两步的基础，第二步是第三步的必要条件，要想实现高效，就要踏踏实实一步一步做起，不要有建"空中楼阁"的想法。

32 程序复习法

所谓"四程序复习法"，就是把一个完整的复习过程划分为四个上下之间存在程序关系的四个环节。

1. 尝试回忆。所谓尝试回忆是将课堂学习的内容回想一遍。有人将它比喻为"反刍"，就像牛或羊一样，把已经进入胃里的食物再返回到口

一般学习法

上篇

55

腔里细细加以咀嚼。这种方法实际上是在自己检查自己，逼着自己进行思维活动。尝试回忆的好处，至少可以表现为以下四个方面：

（1）可以检查课堂学习的效果在尝试回忆的过程中，如果能够正确要回忆出课堂学习的全部或大部分内容，这就可以证明自己的预习和课堂学习的效果是好的。为了正确地检验自己的预习和课堂学习的效果，在开始尝试回忆时，最好先不要看书或听课笔记，等到想不出来的时候再看书或听课笔记。为了加深记忆，还可以一边想一边把主要的内容写出来。这样尝试回忆的效果会更好。

（2）可以提高记忆能力由于尝试回忆是一种积极的思维活动，它可以把自己学过的知识，在尚未进入遗忘状态之前，就在头脑里再现了一遍，这当然是有利于记忆的保持的。

（3）可以提高阅读和整理笔记的积极性通过尝试回忆，把课堂学习的内容在脑子里再过一遍，记住的往往是自己已经懂得的，没有记住的正是自己没有掌握的，这说明记忆恰好是对学习效果的检查。对于那些想一出来的学习内容，自然就会急着去看或笔记。这样，就激发了看书和整理笔记的积极性，并自觉地将忘记的内容作为复习的重点，使得复习有针对性。

（4）可以培养思维的能力尝试回忆时会反省思维的过程，还要概括课堂学习的内容。而一旦想不出来，还要千方百计地寻找回忆的线索，这无疑是在做"记忆体操"。因此，一个经常尝试回忆的学生，不仅记忆能力会有所提高，而且思维的能力也会得到一定的提高。

2. 认真读书。在复习的过程中，完成了尝试回忆的步骤以后，便要开始认真读书。当然，这时候的读书与预习和课堂学习时的读书是不一样的，它是在预习和课堂学习基础上进行的。因此，必须做到以下几点：

（1）读书和思考相结合所谓读书和思考相结合，是指不仅要在读书的过程中认认真真要从头到尾、逐字逐句读，对基本概念、基础知识的内容绝对不马虎，要全面过目，而且还要边读边思考，要多想想在回忆过程中出现的问题，思考内在联系，更要思考对知识的理解和应用。

（2）要重点突出复习中的读书，要有重点要细读和思考。对于已经记住和理解的部分可以不必再花费很多时间，而把时间集中在回忆不起来和印象模糊的内容上面。在读书的时候，不妨边读边画。

（3）重在精读、熟读。对于课本中的一些重要内容，必须做到精读和熟读。至于一些关键的章节和定义、定理和定律等内容，还要在精读、熟读的基础上，将其背出来。

（4）适当看一些参考书。在复习的过程中，适当地看一些参考书还是很有必要的。看参考书当然是在复习好课本的内容的基础上进行的，而且是结合课本的内容去读参考书的内容。

3. 整理笔记。在复习过程中的整理笔记，是指要把预习、课堂学习和复习等学习过程中所记的笔记串联起来进行一定的加工和整理，使其成为一份经过加工和提炼的复习资料。整理笔记的过程往往是一个知识深化、简化的过程。所以，它要求索引清楚，中心突出，内容精练，最好还有自己的独到见解。这样，可以使这份经过加工整理后的笔记成为阶段复习和重要考试前的复习的得力助手。

4. 探索和发现。复习的内容不能仅仅局限于重复课本的内容上面，而应该在复习旧知识的基础上不断地进行探索和有所发现。所谓"温故而知新"也就是这个道理。要在复习的过程中进行探索，最根本的办法就是"质疑"，也就是提出问题。对于知识，不仅要懂得"是什么"的问题，而且还要懂得"为什么"的问题。

33　提纲复习法

提纲复习法就是按照提纲的形式进行复习的方法。我们平时上课是逐章逐节进行的，即将整块知识分而食之，各个击破，这种化整为零的方法虽然容易于接受，但是知识比较为分散杂乱，不易对知识的整体把握。而复习的整体战略思想应是化零为整，复习时应有一个总体设计。

每次复习时，我们可以先把书本知识进行归纳总结，大致理出知识的结构框架，弄清其来龙去脉。然后再以章为单位分层充垫，整理出基本概念、规律和技能，阐明研究方法和内在联系，点拨解题思路。通过系统整理和分层补充可以形成知识的实体，这对于增强学习效果是大有帮助的。

一节课、一单元、一门课程结束后，可以把主要内容列出提纲。根据这个提纲，自己可以联想出丰富的知识体系。

提纲的大体可以如下：

$$一、\times\times\times\begin{cases}1\\2\\3\end{cases}$$

$$二、\times\times\times\begin{cases}1\\2\\3\end{cases}$$

......

如果有的问题提纲里反映不出来，还可以在后面加上"说明"。

比如复习数学时，可以根据初中代数的整数、分数、有理数、无理数它们之间的纲目关系，列出这样一个提纲来：

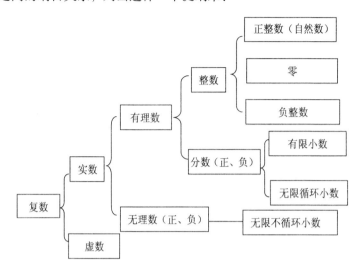

读一本书或学一篇文章，都要先把握重点，把重点记住。所以，你也可以把重点作为主干，然后再在这些主干上添加次要事件。

再比如复习历史，秦始皇统一中国是在公元前 221 年。在此之前我国的历史可追溯到公元前 21 世纪，这一段在历史上称为先秦部分。一段历史可以先写下主干：

夏　　　　　　　约前 21 世纪～约前 16 世纪

商　　　　　　　约前 16 世纪～约前 11 世纪

周 {
西周　　　　　约前 11 世纪～前 771 年
东周　　　　　前 770 年～前 256 年
春秋时代　　　前 772 年～前 481 年
战国时代　　　前 403 年～前 221 年
}

当复习时，看着自己归类的主干，就可以进一步扩展，添枝加叶了。以商朝为例：商朝约有 600 年的历史。共传 17 代 31 王，这可以作为商朝的主干部分。

当我们复习物理的力学部分时，可分为两大框架结构，一是运动和

力、二是力的作用效果。对于第一框架可分运动类型、运动现象、运动规律、运动本质四大部分，贯穿前后的是牛顿运动定律。对于第二框架可从力的瞬时效果、力作用一段时间的效果、力作用一段位移的效果三大部分，其中物体的受力分析是基础，动能定理和动量定理是主线。

如此一整理，是不是对于复习有很大帮助呢？

想要把孤立的知识点列成纲，有时需要经过多次的复习和修改才能实现。所以每次复习时，我们都要边复习、修改和补充知识纲要。只有这样，知识才能得到深化和巩固。我们记忆的内容才不容易忘。

34　口诀复习法

在平时的复习中，我们经常会遇到一些零散的知识，不加以整理，那就很难记住。如果我们以整齐押韵的句式概括出所要记忆的内容，形式上近于顺口溜，内容上极其概括，然后实行强化记忆，这样记忆效果就好多了。

比如，数学三角函数公式口诀表："三角函数公式多，细细推敲有规律；正弦余弦和公式，由它入手导其他；β 变负和变差，两角相等成倍角；和与差来加减，导出积化和与差；遇到和差要化积，积化和差来帮忙；两角之和等于 x，两角之差等于 y；代入积化和差中，和差化积完成了；遇到半角也别慌，余弦倍角来帮忙；半角等于 α，代入其中去推敲。三角函数巧变化，基本公式莫忘了；正余平方和为1，正切余切互相倒；正弦余弦比为切，推倒过程要细心。"

还有，常见标点符号的口诀复习法：

问号："第一注意选择问，全句末尾才用问。第二注意倒装问，全句末尾也用问。第三注意特指问，每句末尾都用问。第四注意无疑问，陈述语气不用问。"

感叹号："关键注意倒装叹，全句末尾才用叹。"

顿号："大并套小并，大并逗，小并顿。并列谓和并列补，中间不要去打顿。集合词语连得紧，中间不要插进顿。概数约数不确切，中间也别带上顿。"

分号："分句内部有了逗，分句之间才用分。"冒号："提示下文用冒号，总结上文要带冒。"

引号："引用之语未独立，标点符号引号外。引用之语能独立，标点符号引号里。"

括号："注释局部紧贴着，注释整体隔开着。"

像英语当中口诀："来是 come，去是 go，二人见面 How are you？""boy 是男孩，girl 是女孩，come in, please 请进来。""late 是晚，early 是早，take a bath 洗个澡。"

比如，我国现行建制的省、直辖市、自治区、特别行政区共有 34 个，名称繁多，全部记得齐整清楚并不容易。如用同字合并归纳法，以楹联方式排列，组成一副对联，就便于表述、理顺、易记了。

此联如下：四江山河，云贵川藏，吉蒙港台澳；三海湖广，京津陕甘，福重疆宁安。

上联头 4 字为 8 个省，以下 9 字每字各代表一个地名。四江是指江苏、江西、浙江、黑龙江；山河是指山东、山西、河南、河北。

下联头 4 字为 7 个省。除"宁"字之外（"宁"为辽宁、宁夏），其余 8 字每字各代表一个地名。三海是指上海、青海、海南岛；湖广是指湖南、湖北、广东、广西。

此联既是我国 32 个省级地名和两个特别行政区名的有序编排，亦反映伟大的中华民族人心所向，不可分割；疆土宁稳，国泰民安。

经常有人喜欢将地理的名词编成小的顺口溜。比如，四大著名石窟，为了方便记忆，可记成："一个叫云龙的人卖（麦）馍（莫）"，即：云龙卖馍—云指云冈石窟，龙指龙门石窟，麦指麦积山石窟，莫指莫高窟。

再如，许多人把中国历史朝代编成口诀，提高了记忆效率，而且经久不忘。像"五代十国"名称：五代——后梁、后唐、后晋、后汉、后周，可记作："梁唐晋汉周，前边都有后。"

十国——吴、南唐、吴越、楚、闽、南汉、荆南（又称南平）、前蜀、后蜀、北汉，可记作："前后蜀，南北汉，南唐、南平曾为伴，吴越、吴、闽、楚十国，割据混战中原乱。"

运用这种方法时，如果我们所学的内容是次要、非重点的或是不编口诀也很容易记下来的，那么就没有必要把它们浓缩，只要概括那些重点内容就可以。而且，这种方法并不是所有知识内容都可以运用，一定要在理解、熟悉内容的基础上加以概括。

在复习时，我们将那些重点内容编成通俗易懂的口诀加以记忆，不仅增强了学习的趣味性，要求记忆的内容也记得更牢固了。

35 "三看二做一录入"复习法

在复习的各阶段中，我们要围绕复习的中心课题认真地看书、看笔记、看错题、做练习题、做总结笔记、录错题。

通过阅读和练习使掌握的知识迅速回到原来曾经达到的水平。在阅读和练习过程中，如果发现了不懂的问题要及时弄懂，发现了没有记住的知识要想办法记住。

1. "三看"

看书：阶段复习时不要急着看课本内容，而是要翻开目录。先回忆，后看书。对照目录，想想在前一阶段，自己还有哪些内容掌握的不牢固，比较陌生。试着回忆其中的概念、性质、法则、公式、数量关系和解题方法等。回忆不起来时再打开书翻看有关内容。

也可以用自己的语言把所学内容准确地叙述出来，有助于将分散零散的资料整理成系统的知识，起到自我检验、突破重点、加深记忆的作用。复述可以采用自问自答的形式进行，也可以借助一定的关键词、重要图表及公式等提前列出一个简单的复述提纲。

把知识点分类：可以用铅笔在目录上，把知识点分成 A、B、C 三类。A 类是已经熟练掌握了的；B 类是初步掌握但不熟练的；C 类是没有掌握的。这样，做到心中有数，而且也方便了我们下一次的复习。

看笔记：合理利用笔记进行系统复习。对照课堂笔记，看看在前一阶段里老师重点讲了什么内容，与自己理解有何差异，哪些地方记住了，哪些地方遗忘或忽视了，自己都记了哪些心得体会。这样，可以进一步把重点，理解难点，加深记忆。

看错题集：我们先前已做好一个收录作业、卷子、习题错题的错题集，这时千万不要把它忘了。可以说，这是我们分析总结的心血。要记住：系统复习时，只需要认真地看，不需要再做了。看的过程中，问问自己为什么会做错？是由于思路有误、还是这道题当时根本就没做出来等问题。

2. "二做"

"做练习题"：通过做习题去发现问题，然后再深入地读书钻研，加深领会，继而再做题，这个过程是可以不断深入进行的。不少学生自认为复习得挺好，可是一做题，就知道自己的肤浅了，从而促进了对问题的钻研。题不用做得太多，不是做题越多越好，题不在多而在精。每做一道题，都要反复思考题目的类型，解题时运用的概念、定理以及解题思路和逻辑关系等，以达到举一反三、提高解题效率的目的。

"做总结笔记"：阶段复习后，在内容、方法、程序、书写和感受等方面有

什么好的策略和经验，应及时总结出来，以备发扬下去。今后再复习时，便可以在原有的基础上，再深入一步，进而达到更高的学习和认知水平。

3."一录"

"录错题"：将前段时间学习与这次复习时出现的错误录入到错题集里，并且要经常翻看。

复习的各阶段中，我们要围绕复习的中心课题认真地看书、看笔记、看错题集、做练习题、做总结笔记、录错题，即"三看二做一录入"。

36　厚薄读书复习法

我们可以算一算，小学六年、中学六年要学多少本书。有的同学每次考试前，望着厚厚的一摞书，就觉得无从下手。这就需要在厚书的基础上返回来，把书变薄。复习也正是要达到这样的目的。

当我们初步理解所学的知识后，就要寻找这些知识的纲要，总结概括这些知识的要点。当这些要点多起来之后，我们还要进一步分析这些要点间的内在联系，在更大的范围里看清它们彼此的关系。实际上，把书变薄的过程正是将孤立的知识进行联网的过程。

那么，这个"网"应该如何联呢？

著名数学家华罗庚自学成功，关于编织知识网。他总结自己的学习经验时，提出读书要有"由薄到厚"和"由厚到薄"两个过程。

"由薄到厚"，这是知识不断丰富和积累的过程，"首先应该不只看到书面上，而且还应该看到书背后的东西。这就是说，对书本的某些原理、定律、公式，我们在学习的时候，不仅应该记住它的结论，懂得它的道理，而且还应该设想一下人家怎样想出来的，经过多少曲折，攻破多少关键，才得出这个结论的。而且还不妨进一步设想一下，如果书本上还没有作出结论，我自己设身处地，应该怎样去得出这个结论?"

在阅读过程中，对书中的每个概念、原理和观点要加进自己的理解，要深入理解自己不懂的地方，还要用参考资料、圈点眉批等方法丰富有关问题的资料，这样读书的页数、篇数、本数由少到多，吸收和充实书本的有关内容，使自己获得许多比书本上内容更为丰富、更为深刻的认识、见解，致使书越读越厚。比如，马克思为了写作《资本论》，曾阅读过 1500 多种书，并作了摘要;毛泽东在阅读过的《伦理学原理》(全书仅 10 万余字) 一书中，批语就达 12000 余字。

"由厚读薄"，是掌握书的要点的过程。我们在对读物深入理解的基础上，经过自己的思考，把它加以归纳、综合和概括，抓住书中提纲挈领的精要和最本质的东西，使书本的知识真正为自己所占有。我们在复习的时候，一定要抓住纲要。所以，在学完一个章节后，最好自己进行小结，自己总结归纳出一个简要提纲。

孤立、零碎的和杂乱无章的知识是难以记住的，只有让新旧知识建立联系，形成有序的结构，才便于理解和记忆，并且一旦记住才能经久不忘。我们在日常复习中，一定要利用好这种神奇的读书方法。

在每节课后，我们要认真、及时地做好复习，通过学习各种途径，吸收和充实有关知识内容。还要在学完一周或一个章节后，自己进行小结，独立总结归纳出一个简要提纲。使知识经历"由薄到厚"，再"由厚到薄"的过程，这样才能从更高角度认识我们的学习内容。

37 试卷复习法

我们都经历过大大小小的考试。主科考，副科考;期中、期末考，章节也要考。所以，一学期下来，每位同学手里都会有一厚摞儿各式各样的

试卷。每位同学对待这些试卷的态度不尽相同，有的做完了顺手一扔；有的虽然没扔，但也是将它们打入冷宫，置之不理。这些都是错误的做法，试卷中的题目都是老师们深思熟虑精选上去的，着重反映了这门学科学习的重点和难点，而且也反映了我们在这门学科的学习状况。所以，我们要充分利用好以往的试卷进行复习。

那么，如何正确对待以往的试卷呢？

首先，在每次试卷发下来以后，都要把每道题重新认真地研究一遍。看看自己哪些题做对了，对的题方法是否简便，步骤要不要补充、精简；错的题当时为什么会做错，是马虎，还是根本不会做这样的类型题等等。

其次，要认真听老师的讲解，并把自己的问题记录在试卷上，写明原因，以及正确的解题思路和方法。

再次，要将自己独立做过的试卷分学科地一张一张整理好，编辑成册，然后给每本小册子（试卷）做一个目录，放在册子的首页。

例如：

初三数学试卷目录

①入学考试卷……………3 月 10 日，85 分

②四月小测验……………3 月 28 日，88 分

③期中考试卷……………4 月 25 日，90 分

④代数复习卷……………5 月 15 日，87 分

⑤五月小测验……………5 月 28 日，88 分

………………

⑩期末考试卷……………7 月有 14 日，94 分

有必要的话，最好编上顺序号，把册子从头到尾加上页码，在目录的

相应位置也要加上页码，这样便于以后查找。

最后，要经常翻阅。我们在翻阅试卷的同时，可以将里面的题目进行分类，做出标记，这样做，可以为下一次复习留下回忆，免去了复习试卷不得要领的麻烦。

比如，如果是一般性的题目，而且自己做对了，那么就将它放在一边儿。如果自己做对了，而且题目设计得很好，那么就打个"○"。对于这两类的题目，我们在考试的前一晚，大体扫一下就可以了。由于自己马虎，或是思路有误做错的题，打个"▽"；自己几乎没有思路，不会做的题，打个"☆"。这样将题型分类以后，再复习时就十分方便了。画"▽"和"☆"的题目，则是我们以后复习的重点。

38 专题复习法

进行系统复习之前，首先要按照知识的体系来确定系统复习的课题。

比如，我们从小学到初中，语文课上学过许多文章。所以，你也可以按文章特点、特征来选专题，像以写"人"的文章为专题，有《藤野先生》、《孔乙己》、《邱少云》……以写"物"的文章为专题，有《白杨礼赞》、《海燕》、《蜜蜂的赞美》……

我们还可以以文体，即：记叙文、议论文、应用文、诗歌、小说、散文、戏剧为专题将所学课文内容进行专题性复习。

还可以以作家作品为专题，即：古代作家、现代作家、外国作家。项目可以有年代、作家、字号、代表作、课文、课文出处等等。

历史课本中经常有地图，所以，我们可以搞一个以地图所反映的内容为核心的历史地图专题。历史地图按其表现的内容可分为以下几个专题：政治类，如战争或运动形势图，政区疆域图，民族分布图，对外关系图，国际关系图等；经济类，如水利交通图，工农产品分布图，工业企业成就分布图等；文化类，如古人类遗址图，城市建筑图，文化传播图等。

将地图以专题的形式加以利用，把相关的知识点多线索、多层次地串联起来，形成立体、完整的知识体系，从而达到强化基础知识，提高思维能力的目的。

又比如，初三学完了《物理》的"热机"后，就可以以"热学"为专题，来个"热学"专题复习。高中学完了全部"力学"之后，就可以以"力学"为课题，对初、高中有关力学的知识，进行一次力学的专题复习。

在这种专题复习中，涉及的知识往往要联系到好几本书，有时还要纵跨小学、初中和高中所学的知识。不过，这对建立新旧知识的联系，对知识的系统化能起到促进作用。

善于去找专题来复习，一个一个专题地复习过去之后，不仅提升了我们对学习的兴趣，也会使我们的学习自信心越来越强。

进行专题复习时，我们必须由浅入深，由易到难，层层深入，一环紧扣一环。可以从自己感兴趣的专题或比较擅长的科目开始，逐步拓展题目和科目，一点一点培养自己对复习的兴趣和信心。

39 顺读逆思复习法

在复习中，我们机械地重复同一知识，往往容易使人产生厌恶感。如果能适当地变换复习顺序，采取顺逆交错的方法来进行复习，这样就能给人新鲜感，也容易有新发现，利于增强复习效果。

运用顺读逆思复习法有四个步骤：

第一步，逆思。从你要复习内容的最后章节开始往前看，也就是从尾到头地往前翻书，边看边思考，回忆一遍教材的主要内容，像是从结果探求事物发生原因一样寻找知识结构脉络。

第二步，顺读。从头到尾地按照教材顺序进行阅读，寻找内容间的内在联系及发展线索，这是一个由因求果的读书过程。

第三步，"顺读"和"逆思"要反复、多次地进行，对记忆不牢的内容要着重阅读和思考，及时解决。"顺读"和"逆思"相结合，有利于掌握教材的结构特点，弄清知识的来龙去脉。

第四步，总结。复习的最后一步就是要从总结把握知识内容。你可以找来一张较大的纸，在纸上将各章节的内容搭成一个框架，组织它们的内在联系，再把每小节中的知识点填充在里面。还可以在吃透教材的基础上，打乱课本体系，根据自己的角度来编排一份新的结构框架。有了这份知识结构图表，你所复习的内容一目了然，也便于记忆和以后的复习。

顺读逆思复习法不能只满足于回忆想所学的知识内容，而要透彻理解，融会贯通，力求对"旧知识"有新的体会和新的感受。

40 音乐复习法

音乐可以陶冶情操，调节情绪。音乐是打开无压力快速学习大门的钥匙，也是提高大脑工作效率和记忆力的积极有效的方法。有些工作和学习场所播放优美、舒缓的"背景音乐"，以有效地提高工作或学习效率，这一点已为人们所公认。

那么，什么样的音乐更适合我们复习时听呢？

前苏联的科学家们发现，17、18 世纪的作曲家们创作的某些音乐，对大脑和记忆有很强的影响。当听着宁静而舒缓的音乐，人的血压下降，的心脏也开始健康有节奏地跳着，血压中的紧张因子没有了。因此，我们的免疫系统得到了加强。大脑和身体随着缓慢的韵律渐渐地进入了和谐状态，这正是取得优异成绩的最佳状态。

在日常复习时，还可以放一些背景音乐，帮助我们轻易而快速地进入理想的学习状态，提高记忆速度。有些同学非常喜欢听流行音乐，上学的路上听、课间休息听、放学路上还是听。那么在复习时，是否可以选择流行音乐作为背景音乐，它和古典音乐哪个效果更好呢？

美国心理学家关于音乐对学习效率有何影响的研究，在简单词汇训练的调查中，通俗音乐和古典音乐都显示，有音乐伴奏时远比没有音乐时的成绩理想。但在理解力训练的调查中，却显示古典音乐的伴奏要比通俗音乐的伴奏效果好得多。而且，通俗音乐的伴奏已经成为阻碍大脑思考的障碍。也就是说，对于简单材料内容的进行学习和记忆时，我们可以采取自己喜欢的流行音乐或古典音乐作为背景音乐。对于需要深入理解，较为复杂的学习内容时，我们最好选择古典音乐作为背景音乐。

为什么会有这种情况呢？因为流行音乐的旋律明快，通俗易懂，无形中容易使人倾心静听，转移我们的注意力。所以在利用音乐提高复习效果时，要先懂得哪种音乐对哪门功课的内容发生什么不同的影响，才能有好的效果。

一般来说，50 ~ 70 拍/分钟为最佳，如维瓦尔第的《四季》、恩雅的《水迹》以及我国一些曲调悠扬的民族音乐等，都可以作为背景音乐。这里，我们再给同学们介绍几首合适的背景音乐作为参考：贝多芬的《钢琴和管弦乐队降 B 大调第 5 号协奏曲》，莫扎特的《D 大调交响乐"海夫纳"》、《D 大调交响乐

"普拉格"》，巴赫的《G大调风琴幻想曲》、《G大调教义赞美诗序曲》，海顿的《G大调小提琴和管弦乐队协奏曲》第1号、第2号等等。

音乐能毫不费力地增强记忆，解除压力，帮助我们集中注意力，同时还有助于听力的提高。所以，我们也可以选择这种方法复习相关科目。

每个人对音乐的感觉都不一样，有的适合，有的不适合。可以通过一些途径（比如网络下载，买光盘等等）得到音乐后，把所有的音乐都听一遍，选择自己喜欢听的，然后不断地尝试，找到适合自己学习的背景音乐。

当复习累了，想要轻松一会儿的时候，可以听一听自己喜欢的流行音乐。但不要选择流行音乐作为学习的背景音乐，它只会让我们的注意力更分散。

下篇　分科学习法

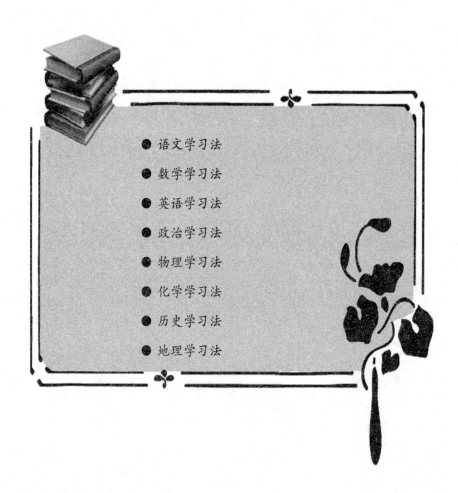

- 语文学习法
- 数学学习法
- 英语学习法
- 政治学习法
- 物理学习法
- 化学学习法
- 历史学习法
- 地理学习法

第五章　语文学习法

41　巧记汉字

汉字字形复杂，又有不少形似字及同音字，写错别字也就在所难免。随着网络的迅猛发展，我们生活中手写汉字的需求日益减少，写错别字成了家常便饭。而新课标对学生书写、使用汉字的能力并未降低要求，在初中教材中，初中生须掌握的汉字量不但没有降低反而增多了。这就对我们对汉字的掌握提出了更高的要求。

正确规范书写、使用汉字，光靠多写多练往往效果甚微。因此，找出汉字的构成规律，巧记汉字，是语文学习中不可或缺的一条途径。以下是巧记汉字的常用的几种方法：

1. 巧借形声记汉字。形声字在现代常用字中占 90% 以上，它"形旁表义，声旁表音"的特点是识记汉字的一大方法。这样，我们在理解汉字字义及形旁义、读准字音的基础上，识记汉字，就容易得多了。

（1）从义入手记形旁。

我们写的错别字多为形似字。形似字多为形似且音同的字，即形似字大多声旁同而形旁异。学生书写时，常常不分清形旁，随便找个同音字代替。"贪赃枉法"写成"贪脏枉法"，"赃"、"脏"不分。形似字出现的错别字是最常见的现象。因此，在识记形似字时，关键是形旁的识记。识记形旁的方法具体有以下两点：

①识记形旁要从理解形旁的意义着手，尤其是那些常用却又未弄清其意义的形旁。

如，"月"旁古指"肉"旁，用于表示人身体的各部位：外至"肌肤"内至"膏肓"；上有"脸"、"脖"，中有"胸"、"腰"，下有"臀"、"腿"……我们整个身体，"月"旁无处不在。记住"月"旁意义，"膏肓"就不会写成"膏盲"了。

"贝"旁的字是与金钱、物质利益挂钩。如"贷"、"贫""货"、"赌"、"财"、"赎"……因此"贪赃"就不会写成"贪脏"了。

"王"旁实是"玉"旁，"王"旁字几乎都与"玉"相关："玛瑙"、"琥"、"琼"、"璞"等皆为各种美玉，"琢"是加工玉，"瑕"是玉上斑点，"璀璨"是形容玉的光彩……因此，"白璧微瑕"就不会写成"白璧微暇"。

②在理解了形旁的意义之后，再依据字义来区分形旁的差异，也是识记形似字的方法之一。

如"暮、募、墓、慕"这是一组形似字，都是上下结构，声旁在上，形旁在下，都为"莫"，因其义不同而形旁各异：太阳下山，以"日"为形，是"暮"；"募"集则需"力"相助，是"募"；以土筑成的是坟"墓"；"心"中艳羡则是"慕"。

"馨"、"磬"二字，上部声旁相同。"馨香"的"馨"，义为"香气"，下部形旁为"香"。"钟磬"的"磬"是玉石制成的乐器，下部形旁为"石"。再看"骛"、"鹜"二字，声旁相同，读音也完全一样。"骛"由"马快跑"引申为"追求"，故形旁为"马"。"鹜"，鸟名，古指"野鸭"，现泛指"鸭子"，故形旁为"鸟"。因此，"好高骛远"的"骛远"为"追求高远的目标"，"骛"为"马"旁；"趋之若鹜"是指"像鸭子一样成群地跑过去"，"鹜"为"鸟"旁。

又如"赢、蠃、羸"一组，下部分别为"月贝凡"、"月虫凡"、"月羊凡"，差异仅为下部中间的形旁。"赢"利多与钱相关，下部中间为"贝"；"蠃"为虫子，下部中间是"虫"；"羸"义为"瘦"，瘦如山羊，下部中间为"羊"。

诸如此类，许多形似字，形似而义异，只有准确理解字义，再依据字义识记汉字，既辨其形，又识其义，一举两得。

（2）根据读音辨声旁。有许多汉字声旁相似却不相同，差别仅在一撇一点间，极易写错，则可根据其读音来识记声旁。

如"栋、冻"音节都为"dong"，故声旁都是"东（dong）"旁；而"拣、练、炼"所读音节非"dong"，所以声旁都不是"东"。

又如"拎、伶、龄、聆……"，声旁都是"令"。而"琴、衾、衿、矜、吟……"这一组声旁都是"今"。读音时我们会发现：以"令"为声旁的形声字，其音节多为"lin"或"ling"，与它们的声旁"令"（"ling"）读音相近或相同。而声旁为"今"的所有形声字，音节无论是"qin（琴、衾）"，还是"jin（衿、矜）"，或是"yin（吟）"……读音都与"令"的音节大不相同。由此总结规律：音节为"lin"或"ling"的形声字，声旁是"令"而非"今"；而声旁是"今"的形声字，不发"令"音。

（3）还有一些汉字是上下结构还是左右结构，我们有时会混淆，极易写错。从它的形旁加声旁的结构特点入手，先定形旁，再分声旁，识记起来就容易多了。

如"落"、"潇"两字，都含有"艹"头、"氵"旁，"落"为上下结构，"潇"为左右结构，极易弄混。依据形声字形旁加声旁的结构特征，"落叶"、"落花"的"落"，本义是与植物相关，因此，以"艹"为形，以"洛"为声，明显是上形下声的上下结构；"潇"，本为水名，以"氵"

为形，以"萧"为声；显然是左形右声的左右结构。

2. 巧编口诀记汉字。对于常见易错的汉字，也可根据其结构差异，编成口诀，极易识记。

如"戍"（shù）、"戌"（xū）、"戊"（wù），这三个字极易写错。"戍"内部有点（"、"），"戌"内部有横（"一"），"戊"内部空空无笔画，编成口诀："点戍（shù），横戌（xū），空心戊（wù）。"则记忆深刻，忘掉也难。

"辨"、"辩"二字，编成"需'心'（ㇱ）判断皆为'辨'，用'言'（讠）说明则是'辩'"。还有，"矛"字末笔有一长撇，"畏"字下部无长撇，常会弄乱。编成口诀："长'矛'伸出别忘带，'畏'首'畏'尾别伸脚。"

"哀"、"衰"二字仅为内部一横之差。"衰"有"衰老"之义，可将其内部多出的一横联想成人脸上的一条皱纹，编成"开口大哭是'哀'号，脸添一横是'衰'老"。

"啄"字，右部有一点，我们会常漏掉。编成"鸡'啄'米，别忘撒下一点（、）米"，漏点的情况便少了。口诀一念，便分清了各种形似字间的差异。

编口诀的方法简单而随意，不仅识记了汉字，还加强了我们学习汉字的信心与兴趣，一举多得。

由此可见，除了一小部分汉字游离于规律之外，但绝大部分汉字的构成是有规律可循的。掌握识记汉字的巧妙方法，不仅可更有效地识记汉字，还能达到事半功倍的效果。

42　科学背诵古诗

背诵是语文学习的最基本的"硬件"。学习古诗文尤其要背诵。怎样背诵才科学？下面介绍几种背诵古诗的方法：

1. 细嚼慢咽。专家指出：理解记忆比机械记忆速度快，而且不易遗忘。因此，我们背古诗时，要先对需要背的诗文从字词句段、中心思想、表现方法等方面仔细琢磨，再熟背成诵。优秀的作品是经得起反复咀嚼的。只有经过咀嚼，才能领会到它的真谛，才能把诗词消化。并转化成自己的东西。歌德说"你所不理解的东西是你无法占有的。"

2. 理清线路。古诗的句与句之间都有紧密的联系，理清了古诗的结构和线索，就能对古诗留下整体的印象。理清了前后内容及事件的来龙去脉后，就加深了对古诗的理解，进而便于记忆。

3. 抓住重点。诗中重点词的作用不可忽视，因为有的能揭示上下句的关系，有的能概括全诗的内容，有的还能表达作者的思想感情。背古诗的时候只要抓住了这些重点词，就容易了解诗中内容的前因后果，也就容易记住诗句了。

4. 切割分段法。由于记忆的单位越小越容易记住。在背诵篇幅较长、段落较多的诗文时，先从整体上把握它的结构层次；再把它分割开来，采取化整为零记忆的方法，逐段逐层地背诵；最后化零为整，把各段各层连贯起来背。这样的方法背诵，必然会速度快、效率也高。

5. 领字引头法。在背诵诗词的过程中，往往会有这样一种情况，因为想不出诗句的第一个字而背不出全句。这个时候如果有人提示一下该处的第一个字或词语，就能很快地往下背，这说明第一个字或词有诱发思维、恢复记忆的作用。因此，在将诗词读到半生不熟时，可以把每句话的开头一个字词按顺序抄写下来，并记住，然后根据这些字词的提示，诵读几遍，很快就便可以将诗词背诵下来了。另外，古诗很讲究"押韵"，我们不妨可以根据"韵脚"，把每句诗的最后一个字作为背诵的提示，也是行之有效的。

6. 想象图画法。很多古诗都有很美的意境，一句、两句就是一幅图。背诵时，如果能随着意境想象成"画面"，那对记忆是很有帮助的。比如，白居易的《暮江吟》，诗文是"一道残阳铺水中，半江瑟瑟半江红。可怜九月初三夜，露似珍珠月似弓。"我们在记忆的时候，就可以想象成这样的两幅画：一是黄昏的沙滩上，一个老人身着古装，翘首望着西边将要落下的太阳。落日的余晖映红了天边，江水一半是红色，一半是碧绿色。另一幅是海蓝的天空，繁星在闪烁，初升的弯月斜挂着。夜幕笼罩着大地，似乎很寂静，只有露珠不时地闪动着点点亮光。有了这幅"图"，我们可以根据"图"来记诗句。当然，背古诗首先要理解诗句，才能想象成"图"，再由"图"记忆诗句。

7. 交叉对背法。交叉对背法就是在背诵过程中两人一组，一人一句，交叉背诵。这样反复进行，可以加快记忆的速度。这种背诵方法，一方面可以使同伴及时纠正错误，另一方面很有趣味。

8. 联系实际法。如春游荷花池塘时，就可背诵杨万里的《小池》，仔细观察小池怎样"惜细流"，"爱晴柔"的，从而品味"小荷才露尖尖角，早有蜻蜓立上头"的精妙。许多古诗背诵都可以采用这种方法。只有身临其境，才能深刻体会。

9. 按写作顺序背诵。文章的写作顺序主要有时间顺序、空间顺序、逻辑顺序。按照写作顺序来梳理文章的思路，寻找利于背诵的策略也是常见的背诵途径。例如，《核舟记》的写作顺序是空间顺序，背诵时就可以按照空间顺序来处理：整舟→船中→船头→船尾→船背。文章中的每一段都有一个暗示空间顺序的语句，我们可以先将这些语句记熟。然后在拆分每一段的结构，梳理每一个段落的背诵思路。

10. **整分联背诵法**。是指整体背诵法、分段背诵法与联合背诵法，这几种方法各有不同的特点、用途，并有一定的联系。一般而言，整分联背诵法要求学生先对课文进行整体阅读，然后对每个语段进行分别背诵，将每个段落背熟记牢，然后再将所有的段落联合起来进行记忆。对于较长篇幅的古诗文背诵篇目，如《曹刿论战》、《出师表》等篇目，这种方法是切实、有效而便捷的。

43 科学思维法

科学思维法就是主体创造性地运用各种方式和方法，以达到既定目标的思维。在语文学习过程中，如何才能达到科学思维的理想境界呢？下面介绍几种重要和常用的方法。

1. **顺向思维法**。顺向思维是指在思考问题的过程中，思维循着课文内容的指向去思考。在语文学习中，循着课文内容的指向思考，并从正面考虑问题的答案，有利于培养学生思维的求同性。例如，《卖火柴的小女孩》这篇课文里，我们在分析课文第二大段内容时，根据课文描述的四次幻景的内容，从正面去思考，得出答案：一方面，表现了小女孩对美好生活的向往，希望得到温暖，得到食物，得到亲人的关怀；另一方面，说明在当时的社会里，小女孩却不可能得到温暖、食物和亲人的关怀。因此，卖火柴的小女孩对这种美好生活的向往，也只能是幻想而已，从而文章深刻地揭露了资本主义社会的罪恶。鼓励我们热爱社会主义，珍惜今天的幸

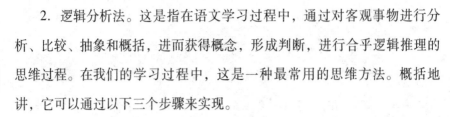

福生活。只有这样的学习，才能为开展创造性思维奠定基础。

2. 逻辑分析法。这是指在语文学习过程中，通过对客观事物进行分析、比较、抽象和概括，进而获得概念，形成判断，进行合乎逻辑推理的思维过程。在我们的学习过程中，这是一种最常用的思维方法。概括地讲，它可以通过以下三个步骤来实现。

（1）确定思维方向，理解问题实质。如在以《我的父亲》为题作文时，就要搞清楚这类型文章的构成要素、各个要素之间的相互关系以及在整个文章中的地位；搞清楚未知因素是什么？现有资料情况如何等。对这些问题的深入思考，都有助于把握问题的实质。

（2）制订解决问题方案。即思考如何更好地运用这些有用资料达到解决问题的目标，并制订出解决问题的方案。如果不能直接找到有用资料与未知因素之间的联系，可采取迂回性战术，先探讨有助于解决主问题的一些辅助性问题。如思考：在以往学习过程中，遇到过同类型或相类似的文章吗？这类型文章的具体写作步骤是什么？它能够有几种不同的写作方法？它们是如何运用典型材料来衬托鲜明个性的？对这些问题的逐个思考，将有助于制订和选择写作的最佳方案。

（3）具体执行计划。即要尝试性地运用各种方法来解决问题。这既是具体地检查和验证每一个步骤，保证它们正确无误，又要回到原来的问题，检查解题的结果，弄清结论是否真正同问题切合，是否还可能派生出其他结果。至此，一个思维过程才算结束。

3. 同中求异法。是指对同一问题可以不依照常规，而从多方寻求答案的分析性思维方式。它鼓励人们从不同的方向、不同的角度去探索解决问题的办法，力求提出个人独特的见解。这种方法在学习过程中的具体运用，既利于解决问题，又能使思维起点和过程都具有灵活性，从而提出新的见解。如以"时间就是财富"为题作文，除审视时间与财富之外，还可以从中思考时间与纪律、胜利的关系；时间与知识、智慧的关系；时间与社会道德、精神文明的关系；时间与个人成长的关系等等。这样就可能拓宽思路，写出文章也自然不会流于模式化。

4. 逆向对转法。这是对一般必须做如此思考的事物，完全从通常的、固定的对事物认识途径的相反方向去思考的思维方法，运用它可以加深对概念的理解。如学习《变色龙》一文时，先顺向思维，作家用讽刺和幽默的手法，通过描写一个表面令人可笑的故事，揭露了沙俄警官奥楚蔑洛夫之流趋炎附势、逢迎拍马而又专横跋扈的"变色龙"本质。然后逆向思维，可以设想"金饰匠赫留金的手指头被咬以后"，遇到的警官与"奥氏"相反：刚正不阿、公正无私。那结局也许会是这样："赫留金用燃着的烟头烧狗的鼻子，是他手痒得不耐烦了，告诫他今后别再招惹不懂人性的小畜生了；而这狗呢，不管是野狗、将军的狗、还是将军的哥哥的狗，都在严肃处理之列……"尽管这样的警官在当时、当地绝无仅有，但这样做，一个正面的警官形象就站立起来了，相比之下，奥楚蔑洛夫的"变色龙"的嘴脸就更加鲜明了。

5. 发散思维。是指思维的多向性，从更多的角度更多的方面去发现和解决问题，体现思维的灵活性。达·芬奇曾说过：即使是一个鸡蛋，只要换一个角度来看它，形状就立即不同了。在解决一个问题时应尽量发散出多种设想，以便多中选好，好中选优。例如：学《小英雄雨来》，根据每一段内容，用一个词语或句子做小标题。要从三个不同的角度去列小标题。结果，列出了三种不同的小标题。这样训练发散思维，对于提高创造性思维能力大有裨益。

6. 纵横连动法。连动思维，是根据事物的纵向横向联系，进行由近及远，由浅入深、由此及彼的思考，从而提出新的设想，得出新的答案。语文学习中的扩写、缩写、改写、补写等训练形式，就是训练我们思维连动性的好方法。例如：学了《东郭先生和狼》以后，续写一则故事：《东郭先生第二次遇上狼》的故事，思考"东郭先生第二次遇上狼后会怎么办？"的问题，这样训练，不再孤立地分析问题，有利于创造性思维的发展。

7. 设问求解法。就是围绕所要解决的主问题而提出一系列相关或相对的辅助性问题，然后对这些辅助性问题进行逐一解决，进而达到问题被最终解决的思维方法。在学习过程中，对主问题的设问一般是从以下几个方面来考虑：①什么是要解决的对象；②为什么要解决这个问题，从什么地方着手解决；③这个问题原有的结论是什么？产生这个结论的条件及其背景是什么？现代人们对这个问题有些什么不同的看法？④帮助解决这个问题的有关资料是什么？现在还缺什么资料，如何获取和运用这些资料；⑤具体论证的方法及其步骤是什么？⑥这种解决过程将会得出什么样的结论？它能达到什么水平？如何来验证这个结论？通过对以上六个问题的思考，就完全可以使思维由枯竭状态变为流畅的状态。

44 文言文阅读练习

由于文言文让不少同学学起来感到吃力。但文言文阅读的考查又是学生阅读能力测试的重中之重，一般考试都要进行考查，从文言实词、文言虚词、文言翻译、思想艺术评价等方面来检测学生的文言阅读能力。所以在复习中要注意活学活用，才能驾驭自如。

那么，如何开展行之有效的练习，同学们才能走出这一困境，在短时间内高效地复习好已学过的文言文呢？我们不妨从以下几个方面做些尝试。

首先，语句翻译。如何准确、流畅、规范地翻译好语句，也是我们文言文复习的重点。阅读材料时，可以先将古今汉语意思一致的地方划出来，对译比较容易理解的内容，然后将与现代汉语无法对译或不需要翻译的地方圈起来。之后，完全不懂的地方就突出来了，我们也就抓住了全文翻译的难点。

再将筛选出来的难点放到原句中去分析，在人物传记的文章中要了解作者针对的是哪一个人物，哪一件事，这样就可根据上下文的语境大致推断出它的基本含义。

我们还可以用这样的歌诀来进行翻译：

熟读全文，领会文意；扣住词语，进行翻译。

字字落实，准确第一；单音词语，双音换替。

国年官地，保留不译；遇有省略，补充词语。

调整词序，删去无义；修辞用典，辅以意译。

推断词义，前后联系；字词句篇，连成一气。

带回原文，检查仔细；通达完美，翻译完毕。

翻译时，要注意读准字音。比如在《邹忌讽齐王纳谏》一文中，"朝服衣冠"句中"朝"读"zhāo"而不读"cháo"；"期年之后"句中的"期"读"jī"而不读"qī"等等，只有读准字音，才能理解其中的意思。这样才能获得比较牢固而丰富的感性知识，有助于理解课文内容。

其次，常识积累。要分门别类归纳文言文知识。整理不仅可以强化记忆，还可以在整理过程中发现规律，形成一整套的文言知识体系，这样就可以轻松自如地面对课外文言语段了。

文学常识的整理主要包括作家、作品、朝代以及相关的名言故事；实词的整理主要包括通假字、一词多义、词类活用、古今异义词的积累与整理；虚词的整理主要包括"之、乎、而、于、其、焉、然等"。整理时一定要附上例句、出处，必要时还可以加备注或说明，以加深记忆。

最后，评价赏析。《新课标》中对文言文的学习提出了这样的要求："诵读古代诗词，有意识地在积累、感悟和运用中，提高自己的欣赏品位和审美情趣。"所以我们在做文言文练习题的时候，还要引导学会归纳内容要点，概括评价文本思想内容。赏析评价作品的积极意义与历史局限性，提高自己的认识能力。

我们在做练习过程中，还要注意对文言的反思，看看是否有理解片面，不符原意等问题的出现，用文言思维来理解作品的思想内容，体会古人的心态，感受语义，把握文意。

45　文言断句法

文言文断句，传统上称之为"句读"。因为中国古代没有标点符号，一篇文章甚至一本书，都是一个汉字挨着一个汉字地写下来的，所以前人在读书都要自己断句，常常在一句话的末了用"。"断开。所以，我们在语文学习过程中学会文言文断句法，是阅读文言文最基本的能力。下面介绍几种常见的断句方法：

1. 实词断句法。即在读懂全文，了解所点断文章的大致内容的基础上，通过找名词与动词来组句，先断开能断的句子。如果是叙述性的文章，就要弄懂故事的基本情节；若有人物对话，就要弄清谁与谁对话，讲的什么话。如是说理性文章，则要弄明白谈了哪些问题，表明了怎样的观点。同现代汉语语法一样，古文中的主语、宾语一般是名词（代词），谓语多是动词，主语、谓语与宾语是句子的主干，而谓语是句子的核心。因

此，抓住谓语动词，分析动词与它前后词语之间的关系，就能正确断句。

如，"其马将胡骏马而归/人皆贺之"，句中动词有"将""归""贺"，也可区分出两个句子。

再如2006年高考辽宁卷第14题，将文言文阅读材料中画线的部分用"/"断句。"乡人管彦少有才而未知名哀独以为必当自达拔而友之男女各始生便共许为婚。"在这道题中，我们只要找出句中的几个名词，句子基本就断开了：乡人管彦少有才而未知名/哀独以为必当自达/拔而友之/男女各始生/便共许为婚。

动词断句法的难点在于介于两个动词之间的名词或名词性短语，它们属上作前一动词的宾语还是属下作后一动词的主语，这要结合具体语境，反复推敲。如《塞翁失马》中上句"马无故亡而入胡人皆吊之"，是断在"胡"后还是断在"人"后。下句"其马将胡骏马而归人皆贺之"，是断在"归"后还是断在"人"后，颇费思量。根据语境，"胡"应为胡地，"归"意为自己家里，与后文"人皆贺之"意义关联。如果"归人"的话，就谈不上"贺"了。再从句式上看，"人皆吊之"与"人皆贺之"，句式整齐对称。根据以上分析，即可正确断句。如果所要补充指出的是句子中一些专有名词和连得很紧的词语间不能点断。

2. 虚词断句法。由于文言文没有标点符号，为了准确断句，虚词就成了重要的标志。尤其是一些语气词和连词的前后，往往是应该断句的地方。我们只要抓住了这些虚词，了解它们在句中的位置，断句也就准确迅速了。发语词和句首助词常出现于句首，有领起全句的作用，其前自可断句。复句中的关联词一般也用在句首，在这些关联词前可点断。句末语气词等常用在句末，其后往往能断句。连词如"以、于、为、而、则"等经常出现在句中，后面不能断开。

如，2006 年高考广东卷第 12 题：用斜线（／）给下面文言文"史官曰交友之道难矣人当意气相得时以身相许若无难事至事变势穷不能蹈其所言而背去者多矣况既死而能养其亲乎吾观杜环事虽古所称义烈之士何以过而世俗恒谓今人不逮古人不亦诬天下士了哉"断句。掌握上面方法，断句也就不难了。正确答案为：史官曰／交友之道难矣／人当意气相得时／以身相许／若无难事／至事变势穷／不能蹈其所言而背去者多矣／况既死而能养其亲乎／吾观杜环事／虽古所称义烈之士何以过／而世俗恒谓今人不逮古人／不亦诬天下士了哉？

3. 句式断句法。文言句式一般分为判断句、被动句、疑问句、宾语前置句、定语后置句等，把握文言句式的特点也有利于我们正确断句。

如，扬州中学 2007～2008 学年度第一学期月考高三语文试卷第 8 题，给文段中划波浪线的句子断句。（用"／"划分即可）"因为本其山川道其风俗之美使民知所以安此丰年之乐者幸生无事之时也夫宣上恩德以与民共乐刺史之事也遂书以名其亭焉"。这句文言文中如果能抓住两个判断句句式，问题就容易解决了。正确答案为：因为本其山川／道其风俗之美／使民知所以安此丰年之乐者／幸生无事之时也／夫宣上恩德／以与民乐／刺史之事也／遂书以名其亭焉。

4. "曰"字断句法。文言文中对话、引文常常用"曰""云""言"为标志，一般情况下碰到它们都要停顿，且大多用冒号顿开，后面"曰"的内容一般要加双引号。如果两人对话，一般在第一次问答出现人名，以后就只用"曰"，而把主语省略。

如，2007 年高考北京卷第 11 题，用斜线（／）给下列短文划直线的部分断句。"太宗谓太子少师萧瑀曰朕少好弓矢得良弓十数自谓无以加近以示弓工乃曰皆非良材朕问其故工曰木心不直则脉理皆邪弓虽劲而发矢不直"。正确答案为：太宗谓太子少师萧瑀曰/朕少好弓矢/得良弓十数/自谓无以加/近以示弓工/乃曰/皆非良材/朕问其故/工曰/木心不直/则脉理皆邪/弓虽劲/而发矢不直。这个文言语段画线部分是转述一段对话，三次"曰"的出现、两问两答的过程都可成为断句的参考。

5. 口诀断句法。一位教师在文言文断句教学中，查阅大量资料，经过不断摸索，总结出了一套较为实用的断句方法。我们可以先记住下面的口诀：

古文断句莫畏难，仔细琢磨只等闲。

文段休问长与短，熟读精思是关键，

章法内容全理解，始可动手把句断。

联系全文前后看，先易后难细分辨。

紧紧抓住"曰"、"云"、"言"，对话最易被发现。

常用虚词是标志，更有规律供参看。

特殊句式掌握住，固定结构莫拆散。

词性词义要精研，语法结构帮助判。

排比对偶与反复，修辞提供好条件；

相同词语紧相连，一般中间要点断。

题目做完回头看，根据要求细检验。

打牢基础看课本，培养语感读经典；

操千曲，观千剑，断句也要反复练。

下面我们可以来对这个口诀做详细介绍。

（1）文段休问长与短，熟读精思是关键，内容大意全理解，始可动手把句断。

我们在给文言文断句时，常犯的一个毛病是一边看一边断句，看完了文章，断句也结束了，再回头检查时，又觉得有很多不妥之处。其实这种

断句的方法是行不通的。理解内容和断句是紧紧相关联的，熟读精思，理解大意是正确断句的前提。马马虎虎、似懂非懂、一晃而过都不行。我们拿到一篇没有标点符号的古文，首先要通读全文，反复钻研，遍数读多了，自然就理解了其中的意思。然后根据文章的内容，先断出几个大的段落或层次，把确有把握的地方断开来。

（2）联系全文前后看，先易后难细分辨。

先易后难的方法就是指，给一段文章加标点，往往有难有易。我们可以在大概了解了文章的意思之后，凭语感将能断开的先断开，逐步缩小范围，然后再集中分析难断的句子。此外，我们还要有全文意识，对不易断开的地方，要联系上下文的意思，认真推敲，确定在适当的地方断句。

（3）紧紧抓住"曰"、"云"、"言"，对话最易被发现。

文言文在叙述人物的对话时，经常用"曰""云""言"等字，这为正确断句，提供了方便。遇到"曰""云""言"等字，我们很容易根据上下文判断出说话人以及所说的内容。

（4）常用虚词是标志，更有规律供参看。

文言文中"之乎者也"之类的虚词特别多，欧阳修的《醉翁亭记》通篇用了27个"也"字，几乎每句句末都用了"也"字。文言虚词是断句的重要标志。因此，了解虚词在句中常处的位置有助于断句：

①句首的语气词"其、盖、唯、盍、夫、且夫、若夫"等前面可断句，常用于句首的相对独立的叹词，如嗟夫、嗟乎、呜呼等，前后都可断句；

②常在句首的时间词，如"顷之""向之""未几""已而""斯须""既而""俄而"等，也可以帮助断句；

③句末语气词"也、矣、耶、哉、乎、焉、兮、耳、而已"等后面可断句；

④有些常用在句首的关联词，如"苟""纵""是故""于是""向使""然而""无论""至若""是以""继而""纵使""然则"等前面大多可以断句；

例如，彭端淑的《为学一首示子侄》："天下事有难易乎？为之，则难者亦易矣；不为，则易者亦难矣。吾资之昏不逮人也，吾材之庸不逮人也；旦旦而学之，久而不怠焉，迄乎成，而亦不知其昏与庸也。吾资之聪倍人也，吾材之敏倍人也；屏弃而不用，其与昏与庸无以异也。然则昏庸聪敏之用，岂有常哉？"

这段文字，全段共有17个句子，用了17个标点符号。其中成为断句标志的句末语气词共11个（"乎"、"矣"、"也"、"焉"、"哉"），连词和凝固结构共3个（"则""而""然则"），代词两个（"之"），句首语气词（"岂"，也有人称之为情态副词）一个。

当然，我们在抓虚词标志断句时，也要注意灵活性，如"生乎吾前，其闻道也，固先乎吾，吾从而师之"，"乎"用在句中，同"于"，是介词，词性变了。"也"，用在句中舒缓语气，可点断，也可不点断。

（5）特殊句式掌握住，固定结构莫拆散。

记住文言文上较为固定的词组，不要把它们拆散，可以减少断句失误。如"有所""无所""有以""无以""以为""何所""孰若""至于""足以""得无""无乃""何以""于是""然则"等。

还要记住下面几种文言文的习惯句式，如："何……之有"（宋何罪之有？）；"如……何"（如太行王屋何？）；"唯……是……"（唯余马首是瞻）；"非唯……抑亦……"（非唯天时，抑亦人谋。）；"不亦……乎"（不亦说乎？）；"何……之为"（秦则无礼，何施之为？）；"无乃……乎"（无乃不可乎？）；"可得……欤"（可得闻欤？）；"得无……乎"（得无异乎？）等，可以帮助断句。

（6）词性词义要精研，语法结构帮助判。

我们可以利用语法知识，对文言文的句子进行语法分析，根据语法分析确定该如何断句。有些句子难以断定如何断句时，而当运用语法知识划分主、谓、宾时，就容易解决了。

同现代汉语一样，文言文中主语和宾语一般由名词或代词充当，谓语大多数是由动词充当，而谓语又是构成句子的核心，我们只要抓住谓语动词，根据动词位置及和前后词语关系，进行推断，就能提高断句准确率。

另外，主语之后一般不断句（"……者……也"式判断句的主语之后应断句）。谓语之后如果没有宾语、补语就要断句；如有宾语、补语一般不断句，但"曰""云""言"等字作谓语时，要和它的宾语断开。宾语之后应断句，定语和其修饰的中心词之间一般不断句。文言文语序和现代文语序基本相同，即主语在前，谓语、宾语在后，修饰语一般在中心词前。可见，语法分析能够帮助准确断句。

（7）排比对偶与反复，修辞提供好条件；相同词语紧相连，一般中间要点断。

古人写文章，十分讲究对仗工整，好用对偶句、排比句、反复句，这也为我们正确断句提供了方便。因此，我们应充分利用这一特点进行断句，常常是断开一处，接着便可断开几处。文言文中两个相同词语连用，如果不属于形容词、名词的重叠形式，一般来说，它们分属两句话，应当从中间断开。例如《愚公移山》："汝心之固，固不可彻，曾不若孀妻弱子。虽我之死，有子存焉；子又生孙，孙又生子，子又有子，子又有孙，子子孙孙，无穷匮也。"

（8）题目做完回头看，根据要求细检验。

如在考试过程中，断完句后，应通读一遍，用语法分析或凭借语感，根据文言文断句的基本要求，来检验断句是否合理。

（9）打牢基础看课本，培养语感读经典；操千曲，观千剑，断句也要反复练。

要多读课本，掌握实词、虚词，文言句法、词法，培养扎实的文言功底；熟读一些典范的文言文，培养语感；古人云"观千剑而后识器，操千曲而后晓声"，多做一些断句练习。这样，给文言文准确断句的能力就会在正常阅读中形成，并在实践过程中提高。

46 理解文言词义

提高文言文的阅读能力，说到底，就是要读懂原文，准确把握文意，而能读懂原文最重要的条件是正确理解文中的词。因此，掌握一些理解文言文词义的方法，对学好文言文有着积极意义。

1. 根据词在句中的语法地位来推断词义

（1）范增数目项王。（《鸿门宴》）"目"前有状语，后带宾语，如用动词，既不能理解为"眼睛"，也不能仅理解为"看"，应理解为"用眼睛示意"。

（2）欲居之以为利，而高其直，亦无售者。（《促织》）"高"后带宾语，可见"高"是动词，联系原文，可推断为"抬高"。

2. 依据字形推断词义。汉字属于表意体系的文字，字形与字义之间，大都有密切的联系，汉字中形声字占90%以上。形声字的"义符"给我们推断词义提供了有利的条件。如《念奴娇·赤壁怀古》中"樯橹灰飞烟灭"，"橹"是常见字，是木制的船具，"樯"是冷僻字，但"樯"从木，与"橹"联合成词，可知"樯"也是木制的船具，联系本句，便以局部代整体推出"樯橹"是战船。

3. 根据文意推断词义。在古文中往往可从上下文的词义推断出某词的意义。如《窦娥冤》，"遇时节将碗凉浆奠。"上文有："遇着冬时年节，月一十五，有瀽不完的浆水饭，瀽半碗儿与我吃。"可见"凉浆"即"浆水饭"。如离开文章解为"冷酒"、"薄酒"就错了。《六国论》："小则获邑，大则得城。""邑"颇为费解，但从下文"城"可推知"邑"为小城。

4. 用今双音词推断古单音词义。文言以单音词居多，现代汉语以复音词（主要是双音词）居多数。古代单音词一般都保留在今天的双音词中，我们可用今双音词去推断和掌握文言单音词的意义。如"内立法度，务耕织修守战之具"（《过秦论》）中的"修"，可用现代汉语"修建、修造、修长、修饰"去推断，就不难从比较中找它的确切解释是"修造"。

5. 根据通假字推断词义。例："甚矣，汝之不惠。"（《愚公移山》）这句中的"惠"本义为仁爱，在这里显然是讲不通的，可推断其为通假字，"惠"通"慧"，豁然贯通。

6. 根据词语结构推断词义。汉语的构词是有规律可循的，据其法则推断词义，往往可收到较好的效果，如《六国论》"存亡之理"中"存"与"亡"反义并列，是"生存"之义。《察今》"悖乱不可以待国"是同义并列，可知"悖"即"乱"的意义。

7. 通过归纳推断词义

（1）古人之观于天地、山川、草木……往往有得。（《游褒禅山记》）

（2）往往而死者相籍也。（《捕蛇者说》）

（3）卒中人往往语，皆指目陈胜。（《陈涉世家》）

例子中的"往往"均表空间概念，显然与时间的"时常"义不同，可抽象出共同义"到处、处处"。以大量的语言现象为依据，通过分析而概

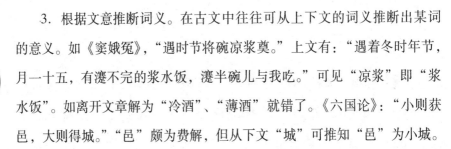

括出的词义，是可靠的。

8. 通过比较推断词义

（1）庖丁为文惠君解牛（《庖丁解牛》）

（2）孔子师苌弘师襄老聃（《师说》）

通过比较，可以发现"疱""师"指术业，"丁""襄"是人名，"庖丁"解为"厨师"不如解为"名为丁的厨师"准确。

9. 掌握规律，举一反三

学习文言文，往往会觉得错综复杂的文言词句无法理解，可是它们是有规律的，只要抓住了规律，就能举一反三。例如，《诗经·无衣》共三章，三章的结构相同，内容相似。学习时，只要把第一章弄清楚，第二、三章就不成问题。就第一章来说，只要把其中的几个词搞懂，整个诗句就会全部理解。这几个词是："岂曰无衣"的"岂"，表示反问，翻译为"难道"或"怎么"；"与子同袍"的"子"，古代对人的尊称，相当于现代汉语中的"您"；"王于兴题"的"于"，动词词头："与子同仇"的"仇"，"仇敌"的意思。文言文中的语法也是有一定的规律的。例如，古汉语中名词活用为动词就有以下几种情况：

（1）代词前面的名词活用为动词。如"臣请事之"（《郑伯克段于鄢》）的"事"，用在代词"之"前，意为"侍奉"。

（2）两个名词连用，构成动宾关系，前一个名词活用为动词。如"腰白玉之环"（《送东阳马生序》）的"腰"，后面带宾语"白玉之环"意为"（在腰中）佩挂"。

（3）两个名词连用，构成主谓关系，那么后一个名词活用为动词。如"乃丹书帛曰'陈胜王'"（《陈涉世家》）的"王"是名词充当"陈胜"的谓语，"为王"的意思。

（4）副词后面的名词活用为动词。如"相如视秦王无意偿赵城，乃前曰"（《廉颇蔺相如列传》）的"前"，前有副词"乃"，活用为动词，意为"走上前"。

47 文言文阅读法

文言文是我国古代文化的重要载体，是现代汉语的源头。阅读文言文是学生了解古代生活，掌握古代文化的重要方法之一，也是学好语文的有效途径之一。

加之文言文在教材中比重的加大和中考方法的改变，在学习语文时必须对文言文予以足够关注，不仅要扩大阅读面，而且要学会阅读方法，不断提高阅读能力和应试水平。以下介绍几种常用的阅读方法：

1. 利用工具书，正确解释词义。学习文言文，会遇到很多难以理解的字词，但只要很好地利用工具书，就能正确理解词义。如，"每有警，辄数月不就寝"（《左忠毅公逸事》）的"寝"，如果解释为"睡觉"就不切实际了，查一下字典便知它的准确舍义是"躺着睡觉"。对一些不清楚意思的虚词，也可以借助工具书来理解。如"君子博学而日参省乎己，则知明而行无过矣"（《劝学》）的"而"、"则"、"乎"、"矣"在这句中用法，字典都有解释。"而"、"则"为连词；"乎"和"于"可解释为"对"；"矣"为语气词。学习文言文时，常用的工具书有：《中国地名大辞典》、《古汉语常用字字典》、《辞海》、《辞源》、《中国人名大辞典》等。

2. 把握文意法。文意的理解与分析是文言文阅读的重点和难点，重点和难点主要是在实词、虚词和句式上。

（1）实词。掌握实词重在积累，积累可以采用多种方法，借助与实词相关的通假字来分类整理常见实词便是一种常用的方法。如，"寒暑易节，始一反焉"（《愚公移山》）中的"反"通"返"，"反"字可纳入通假字系列来掌握。

实词词义常常是一词多义，需要依据上下文确定其含义，需结合文意来推敲词义。如，王之涣的《登鹳雀楼》中的"更上一层楼"和杜甫《绝句》中的"一行白鹭上青天"的"上"都含由低处到高处的意思。而李白的《静夜思》中"疑是地上霜"，杨万里《小池》中的"早有蜻蜓立上头"的"上"字，均表示在某种事物范围之内的意思。要依据语境分析，正确理解词义和诗文。

（2）虚词。文言文中的虚词，数量远不如实词多，但使用频率却很高，用法也很复杂。掌握虚词应从以下方面入手：①课程标准规定的虚词，应该结合例句归纳其基本用法，可以采用表格的形式对各个虚词的词性、用法和意义加以整理。②对重点的常用多义多用虚词系统的梳理，先根据词性再根据用法分类。比如，"以"字先根据词性分为连词、介词、动词等几大类，再根据用法分为并列连词、修饰连词等。③对多义多用的虚词，要注意把握文言虚词在某些语境中"虚词不虚"的特点。还应该考虑虚词同义词的收集整理，如"哉"、"夫"常用来表示感叹；也、矣、焉、耳常用在直陈句里；乎、与、邪常用来表示疑问等。

（3）句式。读懂文言文要认识并把握文言句式。文言句式主要包括：判断句、被动句、倒装句、省略句。对这些句式重在掌握它们与现代汉语不同的用法，不必抽象地记忆术语。

3. 反复朗读法。学好文言文，不仅要弄懂字面的意思，还要了解其主要内容，熟读是学习文言文行之有效的好办法。因此，反复朗读可以帮助我们品味文字的优美，体会文章的感情，积累词汇，逐步掌握文言文用词造句的一些特点和规律，在潜移默化中，提高我们文言文的阅读能力。需要注意的是，在朗读或吟诵时，要边读边进行联想或想象，增强对文章内容的体验。朗读时要注意节奏，不能读破句，读破句就会破坏文言文的音韵美。如：

寓形宇/内复几时，曷不/委心/任去留？

寓形宇内/复几时，曷不/委心/任去留？

前句就把句子读破了，"寓形宇内"是"寓形于宇内"的省略，可以整体连读，也可以读成"寓形/宇内"，但读成"寓形宇/内"就不合文言习惯。后一句的读法就符合文言文的诵读习惯。

4. 读懂原文，认真翻译。翻译文言文是检验自己阅读文言文的一种重要的方法。

要翻译好文言文，关键在于把文章读懂，在读懂的基础上，翻译时还应注意以下几点：

（1）凡属人名、国名、地名、官名、其他专有名词以及古今意义和用法一致的词可直接录下，不必翻译。如"以相如功大，拜为上卿"（《廉颇蔺相如列传》）——因为相如功劳大被任命为上卿。

（2）有些词只有一定的语法作用，没有实在意义，对于这类词既不要翻译，也不要摘录。如："姜氏何厌之有？"（《郑伯克段于鄢》）——姜氏哪里有满足的？

（3）在翻译中会遇到的大量的实词，这些词有两种情况：第一是属于现代汉语多音词中的一个语素，对于这些词我们可用合成词的规律来翻译它。如"巴东三峡巫峡长，猿鸣三声泪沾裳"（《三峡》）的"猿"、"鸣"、"泪"、"裳"可分别用"猿猴"、"哀鸣"、"泪水"、"衣裳"来解它。第二是这个词古今形同而义异，不能以今释古。如"兔走触株，折颈而死"（《五蠹》）的

"走"，现代汉语是"步行"的意思，古代则是"跑，逃跑"的意思。

（4）在翻译中，多义词要根据语言环境，确定一种准确的含义。如"卒相与欢"（《廉颇蔺相如列传》）的"卒"，到底是解释为"士兵"还是"终于"呢？这时，只要联系上下文的内容，就可知道这句是写廉颇负荆请罪和蔺相如受了感动的必然结果，所以，"卒"在这一句中是"终于"的意思。

48 文言文阅读复习

初中的文言文学习，以读背、积累语言材料为主。读背，首先是课文内容的读背。无论是哪一版语文教材，所选的课文大多都是经典篇目，对于培养文言文阅读的语感，增加文化积淀，都是很有意义的，因此，在初学时应该要充分理解。在复习阶段，则要进一步熟悉。尤其是初三阶段，机械记忆的能力已大大减弱，而理解性记忆的能力则逐步增强，因此，在复习阶段，就要在读顺畅、读连贯上下工夫，要思考式地读背，并在读背过程中加深对有关词语、句子的感知与理解。除了课文之外，也当有一定量的课外阅读材料，读课外文言材料，一方面是拓展，另一方面也是巩固课文学习所得。所选材料，以短小为宜，最好有一定的形象，如先秦诸子散文中的寓言故事，唐宋散文、明清文人笔记中的有关故事，以及志怪、志异作品中的浅显的短文等，因为有形象，读起来容易理解，且这些内容的语言文字一般也较浅易。读课外文言文，也应当读读背背，力求读通读顺。

语言材料的积累，应与读读背背相结合，不要光背文言实词的词义、文言句子的意思，而要联系具体的语言环境来辨识词义、句义，有了一定量的积累，读课外文言短文也就顺畅多了。

至若文言文阅读理解，不必求深，一般地说，如果文章（片断）读通了，内容也就基本理解了，只是表述时尽量准确、简洁。

49 古诗文背诵

古诗文背诵法。背诵也是我们在学习文言文行之有效的方法之一。背诵可以加深我们对课文的认识，能加快知识消化的速度。背诵的最基本的方法，就是理解和诵读结合起来。例如，欧阳修的《醉翁亭记》，全文21句，每句末尾都用了一个语气词"也"，借以抒发深沉的感情。可以在大致理解文句的基础上反复吟诵，这样就背诵就成了自然而然的结果。具体的背诵方法有以下几种：

1. 按照提纲背诵。这个方法其实是帮助我们理清文章思路。如，王羲之的《兰亭集序》可按"说明集会的时间、地点和盛况——描写兰亭的周围环境——感叹盛事不常、人生有限——叙事作序缘起"的提纲背诵。根据文体的不同特点，可以采用不同的背诵思路。

记叙性文章可按事情发展的过程或抓住关键性的词语进行背诵。如，蒲松龄的《狼》，可先按故事情节：遇狼——惧狼——御狼——杀狼的发展顺序进行背诵。

说明性文章可按上下左右、内外远近、先后主次等说明层次来记忆。如《核舟记》，背诵时先记下"王叔远—舟首尾—船头—船尾—船背—通计"几个表顺序的词语，然后加以补充。

议论文可抓论点、论据或中心句来记忆。如《得道多助，失道寡助》，背诵时注意先提论点，后找论据，论证顺序要分明，先论地利胜天时，再论人和是核心，最后总结得论段——得道多助，失道寡助。这样背起来效率就高得多，达到事半功倍的效果。

2. 抓中心句背诵。许多古诗文，每段都有中心句。背诵时只要抓住中心句，就能围绕中心句快速背诵。如范仲淹的《岳阳楼记》中，"予观夫巴陵胜状，在洞庭一湖""若夫霪雨霏霏""至若春和景明"三句皆为三段的总起句，也是中心句，下文便是对此中情形下洞庭湖景色的描绘。明确了该点，背诵时就会思路清晰。

3. 分层背诵。即先理清文章的思路，列出结构提纲，按提纲的顺序，分层背诵。一般较长的文章，可采用"分层法"。心理学研究表明，记忆材料的两头容易记住（"初始效应"、"时近效应"），中间容易遗忘（"中远效应"）。分层法，恰好利用了这三种效应的特点，把一篇文章分成若干个层次，这就形成了若干个"两头"，这样诵读起来，就显得容易多了。如《廉颇与蔺相如列传》全文长达 21 段，硬背有一定难度。在背诵时，可以把它分成"简介身份与地位"、"完璧归赵"、"渑池会"、"廉蔺交欢"四个部分，各个击破，这样在诵读时就轻松多了。

5. 配乐曲背诵。对一些抒情性美文，可打破思维定式，根据自己的兴趣爱好，用自己喜欢的乐曲为这类课文配乐。可用歌曲《生日歌》的曲调唱王安石的《书湖阴先生壁》、陆游的《游山西村》等课文；可用歌曲《读书郎》的曲调唱刘禹锡的《陋室铭》、周敦颐的《爱莲说》等课文。

6. 分类别背诵。即按同类相属、异类相别的原则，对诵读材料进行分门别类，然后诵读。例如，背诵《论语十则》时，可先把这十则语录按内容分为治学态度、志向等类别，把同一性质的内容放在一起诵读，所花的时间就小得多了。在复习背诵时，可按作者归类背诵，如背诵有关李白的诗；也可按朝代归类背诵，如背诵"北朝民歌"；还可按诗中描写的景物归类背诵，如背诵以花、月、风为描写对象的诗词等等。

7. 用对比背诵。有的古诗文的内容和写法对比十分鲜明，遇到这样的诗文，就可用对比的方法进行背诵。如《口技》，可用抓"少顷、既而、是时"等表示时间的词语的方法来背诵，还可按"静—动—静—动—静"的对比进行背诵。

50　语文复习"五字法"

现在普遍的一种状况是，我们平时对语文不管不问，一心放在数理化和英语上，考试前，又觉得短期突击也不会起什么效果，因此将语文置之不理。而在考试中，语文和其他科目的分数等值，如果语文分数低，会严重影响我们的总成绩。因此，学好并重视语文是很关键的。语文成绩的提高，关键在于长期的知识积累。我们每天不需要在语文上花太多的功夫，但一定要养成复习的习惯。我们在日常复习中，可以用"五字法"来复习语文。

"读"：通过阅读课文，把握全文大意，了解作者情感、文章特色等知识点。

"划"：在阅读课文的同时，把文中的重点句、中心句、名句和生字、生词，用不同的符号勾画出来，然后利用字典、词典等工具书，将这些问题解决掉。在阅读的课文中，如果出现了没有学过的生字，要会读其音。比如，初一学过《荔枝蜜》，其中有一个字"酿"，以前没有学过，可注上汉语拼音："niàng"。如果用汉字"亮"来注就错了，"亮"的读音是"liàng"。然后用"酿"来组词：酿造、酿成、佳酿、酝酿等，还有课本上的酿蜜，为了区别各组词的含义，可以多造几个句子。对于学过的词汇、成语，要能理解其包含的全部含义，分清词的类型。遇到疑难，要做出标记，便于向老师、家长和同学请教。

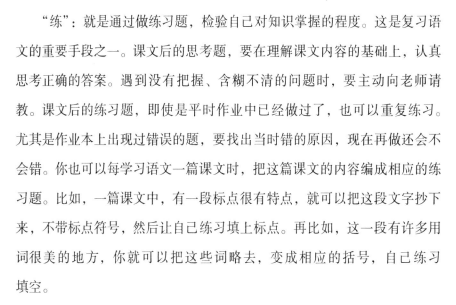

"写"：抄抄写写，就是通过抄书的方法来学习语文。无论平时学习还是考试，有些同学往往把字词写错，原因之一就是缺少写的训练。生字、生词、重点语句不妨在理解记忆的基础上，反复抄写几遍。如果你想通过抄写一些作文题来提高自己的写作水平，那么最好采取整句整句地抄写，不要看一个字抄一个字，你还可以诵读后再抄写，这对保证效果也非常重要。

"练"：就是通过做练习题，检验自己对知识掌握的程度。这是复习语文的重要手段之一。课文后的思考题，要在理解课文内容的基础上，认真思考正确的答案。遇到没有把握、含糊不清的问题时，要主动向老师请教。课文后的练习题，即使是平时作业中已经做过了，也可以重复练习。尤其是作业本上出现过错误的题，要找出当时错的原因，现在再做还会不会错。你也可以每学习语文一篇课文时，把这篇课文的内容编成相应的练习题。比如，一篇课文中，有一段标点很有特点，就可以把这段文字抄下来，不带标点符号，然后让自己练习填上标点。再比如，这一段有许多用词很美的地方，你就可以把这些词略去，变成相应的括号，自己练习填空。

"想"：复习的内容可以通过"想"来巩固。想的时间和空间不受限制，你只要在适当的空闲时间进行就可以，比如上学和放学的路上、睡觉前等等。当某个知识点联想不起来时，要经过查找及时巩固。

第六章　数学学习法

51　课前预习法

课前预习法就是在上课前对即将要上的数学内容进行阅读，了解学习的大致内容及结构，以便能及时理解和消化学习内容。预习是独立学习的尝试，对学习内容是否正确理解，能否把握其重点、关键，洞察到隐含的思想方法等，都能及时在听课中得到检验、加强或矫正，有利于提高学习能力和养成自学的习惯，所以它是数学学习中的重要一环。

预习的方法，除了回忆或温习学习新内容所需的旧知识（或预备知识）外，还应该了解基本内容，也就是知道要讲些什么，要解决什么问题，采取什么方法，重点在哪里，等等。下面介绍预习的具体方法：

1. 预习的任务是通过初步阅读，先理解新课的内容，为顺利听懂新课扫除障碍。具体任务是：①复习、巩固和补习有关已学的旧知识，找出新课中自己不理解的问题，并把理解不透的记下来。②初步弄清新课中的基本内容是什么？这些知识内容在原有的基础上向前发展了什么？并找出书中的重点、难点和自己费解的地方。③预习时要看、思、做结合进行。看：一般是把新课通读一遍，然后用笔划出书上的重点内容。思：指有的时候要想，做到低头看书，抬头思考，手在写题，脑在思考。做：在看的过程中，需要动手做的准备工作以及对课本后的练习题要进行尝试性的做一做。

2. 理解数学概念。数学具有高度的抽象性。通常要借助具体的东西加以理解。有时借助字面的含义：有时借助其他学科知识，有时借助图形等等，因此在预习时要理解数学概念。

3．预习公式定理，公式定理是使用最多的"规律"的总结。如：完全平方公式，勾股定理等。往往公式的推导定理的证明蕴含着丰富的数学方法及相当有用的解题规律。如三角形内角平分线定理的证明。我们应该先自己推导公式或证明定理，若做不成再参考别人的做法。无论是自己完成的，还是看别人的，都要说出这样做是怎样想出来的。

预习要注重讲究实效，预习要注意以下几点：①要根据学习计划安排时间，不能顾此失彼。预习一般要安排在新课的前一天晚上进行。这样，印象会较深。新课难度大，就多预习一些时间，难度小就少预习一些时间。应重点选择那些自己学起来吃力，又是老师将讲授的新科目进行预习，其他科目只需一般性的预习。某些学科，也可以利用星期天，集中预习下一周要讲授的课程，以减轻每天预习的负担。②预习时要读、思、问、记同步进行。对课本内容能看懂多少就算多少，不必求全理解，疑难也不必钻深，只需顺手用笔作出不同符号的标记。把没有读懂的问题记下来，作为听课的重点。但对牵涉到已学过的知识以及老师讲不到的小问题，自己一定要搞懂。③学习成绩稍差的学生，尤其要在完成每天的学习任务后，要安排一点时间预习。这样做虽然费了时间，但上课能听得懂，减少了因上课听不懂而浪费的时间，同时，还可以减少花在课后整理、消化、作业上的时间。时间一长，数学成绩就会有所提高了。

52　听课技巧

听课是我们接受老师指导，掌握知识的中心环节。是获取知识的重要途径。是保证高效率学习的关键。听课时，有的学生全神贯注；有的分心走神；有的边听边记；有的边听边思考；有的干脆不记，只顾听讲。那么，怎样才能达到听好课的目的呢？总的要求是要抓住数学的特点，带着问题听，听清内容，记住要点，抓住关键，着重听老师的讲课方法与思路。要想达到高效听课的目的，具体有以下要求：

1. 有良好的学习数学的兴趣。两千多年前孔子说过："知之者不如好之者，好之者不如乐之者。"意思说，干一件事，知道它，了解它不如爱好它，爱好它不如乐在其中。"好"和"乐"就是愿意学，喜欢学，这就是兴趣。因此有兴趣才会形成对数学学习的主动性和积极性。在数学学习中，建立好的学习数学兴趣方法有以下几点：

（1）课前预习，对所学知识产生疑问，产生好奇心。

（2）听课中要配合老师讲课，并在听课中重点解决预习中疑问，把老师课堂的提问、停顿、教具和模型的演示都视为欣赏音乐，及时回答老师课堂提问，培养自己的思考与老师同步性，提高精神，把老师对你的提问的评价，变为鞭策学习的动力。

（3）听课时注意老师讲解时的数学思想，多问为什么要这样思考，这样的方法怎样是产生的？

（5）把概念回归自然。所有学科都是从实际问题中产生归纳的，数学概念也回归于现实生活，如，角的概念、极坐标系的产生都是从实际生活中抽象出来的。只有回归现实才能使对概念的理解切实可行，在应用概念判断、推理时会准确。

2. 要充分认识老师在上课时的重要作用。老师在课堂中的讲解远比课后辅导要详细得多，这也是我们自己看书无法比较的。课堂教学是老师指导我们掌握知识的一条最简捷的路。因此，我们应该虚心向老师学习。

在老师的启发下上好每一节课。

3. 要集中注意力，全神贯注地听老师讲解，跟着老师的讲课思路走，千万不能思想开小差。如果在老师启发下，自己有了比较好的想法，可以在笔记本上记下来，等下课后再去深入思考或请教老师和同学。总之，不能在课堂上"分心"。

4. 听课中可以尝试在老师没有作出判断、结论之前，自己试作判断、试下结论。看看自己想的与老师讲的是否一致。找出对与不对的原因。

5. 要力求当堂理解。理解是掌握事物本质、内部联系及规律的思考过程。在课堂上，要始终开动脑筋，积极思考。如果在思考中出现不理解或理解不透的地方，应举手提出问题。如果课堂上老师没有时间解答自己的问题，应继续听老师的讲解。课后再去请教老师。

6. 要跟着老师的思路走。听课是为了增长知识和发展智力。高效的听课应该不仅注意老师传授的具体知识，更应该注意老师讲课的思路。跟着老师的思路走，开动脑筋，思考老师怎样提出问题、分析问题、解决问题，特别要从中学习数学思维的方法，如观察、比较、分析、综合、归纳、特殊化等，就是如何运用公式、定理，了解其中隐含着的思想方法。听课时，一方面理解教师讲的内容，思考或回答教师提出的问题，另一方面还要独立思考，鉴别哪些知识已经听懂，哪些还有疑问或有新的问题，并勇于提出自己的看法。听课时要把老师讲课的要点、补充的内容与方法记下，以备复习之用。

7. 要抓住一节课的知识内容和学科特点的关键。知识内容的关键一般指基本概念、基本原理、基本关系式以及公式、定义。在老师讲解这些知识时，一定要注意听。同时数学要通过大量演算，证明等练习获得数学知识，培养出数学思维能力。

8. 阅读数学教材也是掌握数学知识的非常重要的方法。只有真正阅读数学教材，才能较好地掌握数学语言，提高自学能力。一定要改变只做题不看书，把课本当成查公式的辞典的不良习惯。阅读课本，也要在老师的指导下，阅读当天的内容或一个单元一章的内容，都要通盘考虑，要有目标。

比如，学习反正弦函数，从知识上来讲，通过阅读，应弄清以下几个问题：

（1）是不是每个函数都有反函数，如果不是，在什么情况下函数有反函数？

（2）正弦函数的图像与反正弦函数的图像是什么关系？

（3）正弦函数在什么情况下有反函数？若有，其反函数如何表示？

（4）如何求反正弦函数的值？

（5）反正弦函数有什么性质？

总之，听课是学习数学的主要形式。在老师的指导、启发下学习，就可以少走弯路，并且能在较短的时间内获得大量系统的数学知识。所以听课是学好数学的关键。

53 课后复习法

复习就是把学过的数学知识再进行一次学习，以达到深入理解、融会贯通、牢固掌握的目的。复习应与听课的内容紧密衔接、边阅读教材边回忆老师所讲的课堂内容或查看课堂笔记，及时解决存在的疑问。

复习也是对前面已学过的知识进行系统加工，并为下一阶段的学习做好准备。因此，每上完一节课，每学完一篇课文，一个单元，一册书都要及时复习。若复习适时恰当，知识遗忘就少。早在1885年，德国的心理学家艾滨浩斯，通过实验发现刚记住的材料，一小时后只能保持44%；一天后能记住33%；两天后留下的只有28%；六天后为25%。所有的人，学习的知识都会发生先快后慢的遗忘过程。一些记性好的学生是因为能经常从不同的角度、不同的层次上进行复习，做到"每天有复习，每周有小结，每章有总结"，从而形成了惊人的记忆力。因此，很多学生对所学的数学知识记不住，并不是因为不聪明，而是不善于复习，或复习功夫不深。下面是课后复习过程中的常用方法：

（1）及时复习。当天学的知识，一定要在课后像放电影一样，在脑子里过一遍。看看能想起多少，忘了多少。然后翻开笔记，查找漏缺。当天复习绝不能拖拉。否则，内容生疏了，知识结构散了就要花费更多地时间重新学习。要明白"修复总比重建倒塌了的房子省事得多"这个道理。

（2）要紧紧围绕概念、公式、法则、定理、定律复习。思考它们是怎么推导出来的？能应用到哪些方面？它们需要什么条件？有无其他证明方法？它与哪些知识有联系？

（3）要反复复习。学完一课复习一次，学完一章（或一个单元），复习一次。学习一阶段系统总结一遍。期末再重点复习一次。通过这种复习，形成的知识联系就不会消退。

（4）复习要有自己的思路。通过复习，把自己的想法，思路写成小结或者用提纲、图表的方法，把前后知识贯穿起来，形成一个完整的知识体系。

（5）复习中要适当做些题。题目要围绕复习的中心来选择。在解题前，要先回忆一下过去做过的有关习题的解题思路，回忆完了再做题。做题的目的是为了检查自己的复习效果，加深对知识的理解。做综合题可以加深对知识的完整化和系统化的理解，培养综合运用知识的能力。

（6）复习中遇到问题时，不要急于看书或问人，要先思考再看书。这对于集中注意力、强化记忆、提高学习效率很有好处。

54 巧解数学题

学数学讲求"动手做"，"做"就是指做题。做题是学好数学的必要条件，题不在多而在精，要注重对基本题解决方法的挖掘和解题规律的总结。此外，做题必须掌握一些解题的方法和技巧，这在数学做题中是非常重要的。以下介绍几种最常见的数学解题与思维方法：

1. 审题。即拿到一个题目，首先应判断它属于哪一类，难易的程度如何？分清题目的条件和要求。已知条件是什么？从题目提供的信息中还能挖掘出什么条件？同时要让自己的思路顺着题目的路子思考。通过思考、准确、透彻地理解题目的意思，分清已知条件有哪些，题目要求的结论是什么。在审题过程中，还要注意哪些地方没有直接用语言表示出来，而隐含在题目中的其他形式条件，即注意隐含条件的挖掘。

2. 寻找解题途径。在审完题目后就要寻找相应的解题途径，并要广泛联想与题目的条件和结论有关的概念、公式等。联想过去是否做过与此相同或相似的题目。那时是怎样解的？如果能联想起有关的旧知识，即与此题相应的规律原理、原则、公式就会浮现在脑海中，使解题的思路更加开阔。联想越广，跨度越大，得到的解题效果也越佳。此外，还需要重点掌握以下方法：

（1）运用概念。对数学概念充分理解，按概念的意向去审题解题。根据概念的含义解题，练就扎实的基本功。与其在"题海战役"中摸索各种解题"技巧"，不如把概念认认真真地搞懂学好，用概念解题就是一条捷径。

（2）试验法。用试验法解题时，必须从问题的实际情形出发，结合有关的数学知识，恰当选择试验的对象和范围；在制定试验方案时，要全面考虑试验的各种可能情形，不能有所遗漏；在实施试验方案时，要讲究试验技巧，充分利用各次试验所提供的信息，以缩小试验范围，减少试验次数，尽快找出原题的解答。

（3）分类法。分类法是数学学习中的一种基本方法，对于提高解题能力，具有十分重要的作用。不少数学问题，在解题过程中，常常需要借助逻辑中的分类规则，把题设条件所确定的集合，分成若干个便于讨论的非空真子集，然后在各个非空真子集内进行求解，直到获得完满的结果。这种把逻辑分类思想移植到数学中来，用以指导解题的方法，通常称为分类或分域法。

用分类法解题，大体包含以下几个步骤：

第一步：根据题设条件，明确分类的对象，确定需要分类的集合 A；

第二步：寻求恰当的分类根据，按照分类的规则，把集合 A 分为若干个便于求解的非空真子集 A_1，A_2，$\cdots A_n$；

第三步：在子集 A_1，A_2，$\cdots A_n$ 内逐类讨论；

第四步：综合子集内的解答，归纳结论。

以上四个步骤是相互联系的，寻求分类的根据，是其中的一项关键性的工作。从总体上说，分类的主要依据有：分类叙述的定义、定理、公式、法则，具有分类讨论位置关系的几何图形，题目中含有某些特殊的或隐含的分类讨论条件等。在实际解题时，仅凭这些还不够，还需要有较强的分类意识，需要思维的灵活性和缜密性，特别要善于发掘题中隐含的分类条件。

（4）反证法。反证法是间接证明的方法，是一种重要的证明方法，在解题中有着广泛的应用。有的数学问题不易直接从问题结论的正面去考

虑，这时从问题结论的反面着手却比较容易解决，这种论证方法也叫做间接证法。反证法是从否定结论出发，经过正确、严格的推理，得到与已知或已成立的数学命题相矛盾的结果，查产生矛盾的原因不是由于推理的错误，而是开始时否定原结论所导致，由此证明原命题结论是正确的。反证法一般用于：关于否定性结论的命题、关于唯一性结论的命题、关于至多（少）类结论的命题、难于直接使用已知条件导出结论的命题等。反证法的解题步骤如下：

第一步：反设。假设命题结论不成立，即假设原结论的反面为真。

第二步：归谬。由反设和已知条件出发，经过一系列正确的逻辑推理，得出矛盾结果。这里所说的矛盾结果，通常是指推出的结果与已知公理、定义、定理、公式矛盾，与已知条件矛盾，与临时假设矛盾，以及自相矛盾等各种情形。

第三步：存真。由矛盾结果，断定反设不真，从而肯定原结论成立。

反证法的三个步骤是互相联系的。反设是前提，归谬是关键，存真是目的。只有正确地作出反设，合乎逻辑地进行推导，才能间接地证出原题。

（5）换元法。在解题中为了化繁为简，化难为易，促使未知向已知转化，可把某个数学式看成一个新的未知数，这种实行变量代替的办法就称为换元法。换元法的基本技巧主要有：数学式的部分或整体代换、平均数代换、比值代换、倒数代换、对数代换、三解代换、不等量代换、复变量代换、常数代换、坐标代换等。

（6）三角法。利用三角形边角元素间的关系，借助三角函数式的变形来推证几何命题的方法叫三角法。运用三角法的步骤如下：

第一步，选取恰当的角参数；

第二步，用角的三角函数表示边，建立边角间的联系；

第三步，消参化简，推出要证的结论。

（7）待定系数法。在解题时，按照需要常常先根据题设条件确立出某一定的结构形式，尽管其中尚有一些有关的系数一时还不知道，但可以利用已给定的已知条件来确定它们，以便最终获解，这种处理问题的方法就叫待定系数法。待定系数法多应用于：代数式的恒等变形、解方程与不等式、研究函数、数列问题、复数问题、解析几何问题等。

（8）分析综合法。解一个数学问题若从已知条件出发，逐步推理，得出结论，这种思维方法叫做"综合法"。若是从未知追索已知，这种思维方法叫做"分析法"。对于数学中比较复杂的问题，我们常常是同时从已知和未知出发，经过推理找出解题的途径，这种思维方法就叫做"分析综合法"。运用此法的关键是探求"已知"与"需知"间的联系。

3．注意检查。就是解题完再检查一遍，看看是否题目要求的解都求出来了，有没有漏解。是否求出的解均符合题目的要求，有没有错解。检查的方法很多：①步步检查法。即从审题开始，一步步检查。这种方法可以检查出计算、表达上的错误；②重做法。即重做一遍，看结果是否一样；③代入法。将计算结果代入公式或式子看看是否合理。同时，还要注意锻炼一题多解、一题多想。比较归类的解题习惯，不断提高自己分析问题和解决问题的能力。

55　三步笔记法

三步笔记法是四川省的张厅剑老师创立的一种学习方法，受到了中学生们的广泛欢迎。具体方法如下：

第一步：预习笔记。就是边阅读教材边在原文上圈、点、批、注，但要注意有重点；其次，要求孩子预习后，做好预习笔记，其内容包括：①预习时自己掌握得不太好或已忘记了的旧知识；②新教材的基本内容、重点内容以及主要数学思想方法；③预习时的体会以及不理解的问题；④尝试做教材中的基本训练题，从尝试练习中发现问题。

我们只有认真做好预习笔记，听课的时候就不会处于被动接受知识的状态。同时，由于预习时初步理解了教材的基本内容和思想，发现了疑难问题，就增强了听课的目的性，减少了盲目性。就会学得轻松、主动，从而提高了数学成绩。

第二步：课堂笔记。课堂笔记包括记"教师所讲"和记"自己所想"两个方面。要求我们着重记教师讲授的要点和提纲、补充的内容，自己没听懂的知识点、疑难点，以及老师的解题思路、方法分析和归纳总结等。如下面一段课堂笔记就值得借鉴：

例题，ABC 中，$AB = c$，$AC = b$，BC

证法要点：延长中线二倍，利用《几何》第一册第 226 页第 14 题的结论证之。

第三步：课后笔记。课后笔记是课堂笔记的发展。首先，要求我们整理课堂笔记。一方面我们要把课堂上未记下的内容补充上，并对课堂上记下的问题进行深入思考；另一方面要求将教材、参考书与课堂笔记结合起来，记下从参考书上摘录的精华部分以及典型题目和解法。其次，要求我们反省课堂笔记，写好学习日记，将一些思考、体验、疑惑、问题等都记下来。这样日积月累，我们就从这些体会中找到学习经验，从而由"学会"变为"会学"。如一个学生在学完勾股定理后，作了以下联想"在直角三角形中有 $c^2 = a^2 + b^2$，那么在锐角、钝角三角形中，c^2 与 a^2、b^2 之间有什么关系？由 $c^2 = a^2 + b^2$ 能判定三角形为直角三角形，那么由 $c^2 > a^2 +$

b^2 或 $c^2 < a^2 + b^2$ 能判定三角形是什么形状?"这样的联想是数学思维的火花。

56 数学概念学习

概念的形成需要一个过程。与人生哲理等概念不同，数学概念具有叠加性，也就是说新概念是在旧概念叠加的基础上来认识的。数学概念是在不断地运用中逐渐形成的，需要经过比较、实践、摸索、总结、归纳等过程，最后建立一个完整的概念。这个过程甚至可以说是痛苦的，漫长的一个阶段。因此，数学概念仅靠背是不行的。

数学是一门前后联系密切、逻辑性极强的学科。对于数学概念（数学定义、概念、公式、定理、定律、公理等）要理解清楚、记准记牢。因此在学习并记忆数学概念要注意以下几点：

1. 要建立一个数学的概念网。数学是一个个概念的点阵，所有的相关的、从属的概念要在头脑中形成一个网络。学概念要把不能纳入其中的或相关概念认识清楚。总概念中各相关概念是怎样发展的要有一个清晰的脉络。

2. 从不同的层面上来理解数学概念。对于一个数学概念要从正面、侧面、上面、下面等各个层面上来认识它。对于相似的、类似的概念或概念的内部关系认识不清，不利于理解概念，这说明数学未学深入。

3. 可以使用"前后联系"的方法，理解数学概念。在做练习的时候，通过"深入思考"、"总结"、"回忆"等方法使相关的概念更加清晰。

4. 记忆数学概念是一个循序渐进的过程。有些数学概念，我们一开始可能无法理解，这时候不必着急，只要强行记忆就可。

6. 数学概念不在于是否能真正理解，而在于是否能运用。很多概念是历代数学家用毕生精力思考和推导出来的，不见得一下子就能理解，只要记准并能运用就可以。通过练习、思考、总结、回忆等不断反复，往往才能真正掌握，随着时间的推移和经验的积累，逐步做到概念清晰。

总之数学概念是随着一个人知识的增加而不断深入的。学数学对一个人建立完整的思维方式很重要，随着对不同数学概念的深入理解，我们处理问题的方式也会越来越严谨。

57 勤记笔记法

记笔记是为了学、懂、用。我们记笔记不能仅仅停留在课堂上，还要延伸在课堂外，因此，我们的笔一定要"勤"。记笔记的原则是以听为主，以记为辅。简练明白，提纲挈领，详略得当。难点不放过，疑点有标记，条理清楚。对联想、发现的问题，要及时记。笔记要留有空白处，便于复习时补缺。

笔记的主要内容有：

1. 记讲课提纲，解题思路；记难以理解的重点、难点以及自己的重要体会。

2. 课堂上没有解决的疑点、难点；新知识和旧知识的联系或结合点；容易发生错误和混淆的概念。

3. 老师解决问题时提出的观点、论据与推导论证过程。精、巧、新的解题方法。

4. 记要点，书上有的不必多记，可在笔记上留下空白，课后补记或对照课本复习。

5. 记预习时发现的问题、体会，自己掌握不好的旧知识。

6. 摘录参考书上对课本内容有针对性帮助的材料。

家长和孩子必知的100种现代学习方法

通过以上方法记好笔记的好处有：①思想不易开小差，因上课时要边听边记边思考。能保持注意力集中、持久，加强对知识的接受与理解。②记笔记要手、眼、耳、脑并用，使感觉器官和思维得到综合训练，提高学习能力。

58 记忆数学知识

在数学学习过程中，当我们遇到数学知识、数学公式和概念，一时难以记忆时，可以采用以下记忆方法：

1. 静心记忆法。记忆要从平心静气开始，根据记忆目标，找出适合于自己学习特点的记忆方法。比如记忆环境的选择就因人而异。有人觉得早晨记忆力好；有人感到晚上记忆力好；有人习惯于边走边读边记；有人则要在安静的环境下记忆才好等等。不管选择何种方式记忆，都必须保持"心静"。心静才能集中注意力记忆。

2. 模型记忆法。有许多数学知识有它具体的模型，我们可以通过模型来记忆。有些数学知识可以有规律的列在图表内，借助于图表来记忆，这些记忆都称模型记忆。

3. 差别记忆法。有些数学公式之间有许多共性。要记住它们，只需记住一个基本的和差异特征，就可以记住其他的了，这种记忆称为差别记忆。

4. 背诵记忆法。将运算过程和结果在理解的基础上背诵记熟，这种记忆称为背诵记忆。比如，加法与乘法法则、差的平方、两数和、立方的展开式等记忆都是背诵记忆。

5. 推理记忆法。许多数学知识之间逻辑关系比较明显，要记住这些知识，只需记忆一个，而其余可利用推理得到，这种记忆称为推理记忆。

例如，平行四边形的性质，我们只要记住它的定义，由定义推得它的任一对角线把它分成两上全等三角形，继而又推得它的对边相等，对角相等，相邻角互补，两条对角线互相平分等性质。

6. 标志记忆法。在学习某一章节知识时，先看一遍，对于重要部分用彩色笔在下面画上波浪线，在重复记忆时，就不需要将整个章节的内容从头到尾逐字逐句地看了，只要看到波浪线，在它的启示下就能重复记忆本章节主要内容，这种记忆称为标志记忆。

7. 理解记忆法。理解记忆就是对数学知识要通过理解，并掌握它的逻辑结构进行记忆。由于数学是建立在逻辑学基础上的一门学科，它的概念、法则、定理、公式等，都处在逻辑体系之中，因此，对于数学知识的理解记忆，主要在于弄清数学知识的逻辑联系，把握它的来龙去脉，只有理解了的东西才能牢固记住它。因此，数学中的定理、公式、法则，都必须弄懂它们的证明过程，才能牢固记住它们。

8. 系统记忆法。就是按照数学知识的系统性，把知识进行恰当的比较、分类、条理化，顺理成章，编织成网，这样记住的就不是零星的知识而是一串，它往往采取列表比较的形式，或抓住主线、内在联系把重要概念、公式和章节联系串为一个整体。

59 六步读书法

六步读书法是为了提高阅读质量，增强再现思维，在学习数学课本的实践中采用的读、划、查、思、比、练的，从粗览到精读，做到由泛到精，再由精到博，以达到消化吸收目的的一种方法。

1. 读。就是看书，看课文，精读细看反复识记，深入理解。

家长和孩子必知的100种现代学习方法

2. 划。就是使用各种符号，作出标记，帮助分析总结。如勾画出定义、定理、重点、难点，画草图，作眉批，提出问题……可以用横线、波浪线、问号、惊叹号、箭头等不同符号。要注意符号使用前后一致。

3. 查。对书中遇到的疑难问题和必须了解的数据，可以通过查阅其他材料搞清楚，或利用工具书验证，力争经过自查不留问题或少留问题。

4. 思。就是思考，对所读材料要多问几个为什么？从引入方法到概念的内涵和外延，从证题的方法到证题的依据等。要对照书上或老师编拟的思考题逐一思索回答，在理解中进一步掌握。

5. 比。比的意义，一方面是对照阅读，进行纵向比较及横向比较，把该知识与有关知识的相同点、类似和差别找出，并纳入相应的知识链中；另一方面是与同一类别同一内容的书的讲述方法对比，在比较中熟悉它的特点，加强结构的记忆。

6. 练。动手写一写，做一做。概念是否清晰准确，方法是否掌握，技能是否具备，都要通过练习来进行自我检测。这是检验阅读效果，训练再现思维的好方法。通过这些方法将会激发阅读的专注性和深刻性，为进一步提高再现能力创造条件，增强自觉性。

第七章 英语学习法

60 正确学习生词

现在绝大多数课文后，都附有该课的生词表。不少学生面对生词只知按字母机械地背诵，随着时间，所记的词语也忘得一干二净。因此，我们应该掌握学习生词方法，下面介绍正确学习生词的几种方法：

（1）初读生词，要求读准。初读时，可结合汉语意思一并记忆。

（2）强化暂时记忆。要自行寻找多种记忆方法，以达到强化暂时记忆的目的。可在本课生词之间进行比较，也可将本课生词与所学词汇进行比较。

比较可以从"音"（同音词、近音词、读音规则与特点）、"形"（同形词、近形词、同根词）、"义"（同义词、近义词、反义词）、"性"（即词类：单性词还是多性词）和"能"（词的语法功能及搭配功能及运用特点）等5方面进行。

（3）及时预习课文与句型，深入掌握所学生词。单词表中的词汇形式多是机械的、静止的，而语言环境中的词汇形式多是变化的、活生生的。语言环境中词汇的形态变化与词汇间的有机搭配毫无疑义地会加深你对所学生词的印象。在一定意义上说，课文与句型就是词汇赖以生存的环境。甩开课文，单一地死记词汇显然是不可取的。

（4）在整篇课文的学习过程中，对含有生词的句子始终应成为课文学

家长和孩子必知的100种现代学习方法

习的重点之一。对这类句子要读得出，说得出，写得对。为了验证自己对生词的掌握程度，在课文学习期间，应多次阅读生词，并做到根据生词逐一说出课文中的每一个句子。

（5）学习英语构词法，不断扩大词汇量。初一和初二时，学习的都是一些与日常生活有关的常用词，这些词都要逐一记住，直到同学积累了一些基础词汇之后才有条件学习英语构词法。现以常用词 book 为例，说明基础词怎样能变成新词：

① book a ticket 订票（book 已从名词转化为动词）。

② book shop 书店，book knowledge 书本知识，band-book 手册，text book

课本，note book 笔记本（book 与其他名词合成为新词）。

③ booking office 售票处，a bookish man 书呆子（book 加后缀-ing，-ish 构成形容词）

英语前缀 im-，in-，ir-，表示否定，主要加在外来形容词前，构成与其意义相反的新词。如：possible-impossible，polite-impolite；visible-invisible，correct-incorrect；regular-irregular，recoverable-irrecoverable.

从以上例子中可以看出，掌握英语的三种构词法（转化，合成，派生）不仅可以开阔视野，还能使我们的词汇量增多。一些不认识的词通过分析它的结构，再通过上下文，就可以猜出它的含义。我们在阅读时可以减少困难，阅读的速度和猜译能力也大大提高了。

（6）课后应多查词典，在词典中找出所学生词的条目，阅读词典中所列举的例句。尽可能阅读与课文难度相适应的课文阅读材料，以促进对所学生词更深层次的认识，为运用词语打下牢固的基础。

61 句型、句法的学习

英语句型是英语中的典型句式，是语音、语法和词汇具体的体现。我们应当学习体现语言规则的句子，而不应死记这些规则条文。学习句子时要特别注意句中的动词，因为动词是句子的核心。任何英语动词都有自己的习惯用法，都要求一定的句型，我们不能随便改动，否则就会造出不符合语言规则的错误句子。例如：

（1）He asked me not to go. 他要求我不要走。

（2）He let me go at once. 他让我立刻走。

（3）He stopped me going to the station. 他阻拦我去车站。

这三个句子都是简单句。它们的结构却不相同。

第（1）句要求的句型是：及物动词 + 动词不定式。

第（2）句要求的句型是：及物动词 + 宾语 + 不带 to 的动词不定式。

第（3）句要求的句型是：及物动词 + 宾 + 动名词。

这三个句子中的宾语补语分别以不定式，不带 to 的不定式和动名词表示。

当我们学习动词时一定要记住它们的要求是什么句型。当以后学习了句型与它们相同的动词时，就把它们归纳成一类，照样套用就行了。如与 ask 要求相同句型的其他动词还有 tell, want, advise, decide, beg, persuade 等。与 let 用法相同的动词有 make, see, watch, have, hear, feel, notice 等。而 prevent, enjoy, mind, finish 等动词的用法与 stop 一样。

抓住英语的基本句型，反复套用，进行造句练习，就能做到举一反三，大大减轻负担。

英语是一种高度发展的语言。它拥有十分丰富的词汇和词汇表达手段。许多单词，尤其是形容词和动词都有固定的搭配和习惯用法。用一个词和不同的介词或副词连用，就构成了许多意思完全不同的词组。这就是短语（phrase）和片语（idiom）。我们要把它们也作为句型来学习。下面以 turn 这个动词为例：

turn against 背叛，turn down 拒绝，turn on 打开（煤气、灯、电视等），turn off 关上（煤气，电视等），turn over 考虑，turn out 赶走，turn up 出现，我们掌握的短语（phrase）和片语（idiom）越多，我们的修辞手段越丰富。

句型、句法的学习是我们学习英语的重点，一定要多下工夫才能提高我们的英语水平。

62　阅读和理解难句

我们在课前预习和课外阅读中，常会碰到这种情况：在所有单词都认识的前提下，仍然无法理解句子的意义。其主要原因是因为我们没有很好掌握理解难句的基本方法和技巧。

那么，怎样才能读懂难句？最有效的方法是抓住本质，紧扣句型。

所谓弄清句型，就是善于看准主语和谓语，并且从谓语动词的不同类别出发，准确划分谓语动词之后的其他成分。阅读过程中遇到难理解的句子，应该反复扣住句型，认真分析。

要掌握抓住本质，反复扣句型这一方法，就必须做到：

1. 留心省略

如：He did what he could to calm her。有的同学就直译成："他做了他能使她安静的一切。"这说明这些同学没注意 could 之后省略了主句谓语相同的动词 do。若我们能从情态动词 could 的本质用法出发，能自行排除 could 可接带 to 的不定式的错误认识，则应发现该句的句型是"主—谓—宾—状。"宾语是由 what 连接的从句承当，从句中省略谓语动词 do，状语是不定短语 to calm her。

省略是英语中常用的修辞手法之一。若同学们能在阅读过程中留心省略，那么许多难题都能迎刃而解。

2. 排除干扰

阅读时，同学们至少要善于排除下述干扰：

（1）倒置定语的干扰。定语短语、主从句与不定代词定语的倒置是汉语中少有的语言现象。然而在英语中，倒置定语的用法则极为常见。倒置定语也的确是我们学习英语的一大难题。有些同学在很长时间里都无法从本质上理解定语倒置。甚至在定语从句引导词省略的时候，有的还分不清主句与从句，从而更无法理解全句的结构与意义。排除定语从句干扰的根本办法，就是对定语从句采取"暂不理睬"的态度。在阅读时，我们对名词、代词后的主谓结构（有时是一个多种成分并存的长句），要善于采取"视而不见"的做法，把阅读句子的着眼点放在主句的主语、谓语及谓语后的表语、宾语或状语等成分上。在弄清主句结构之后，再回过头来将定语从句一并予以考虑。这样做很有利于把握整个主从复合句的含义。只要多加实践，理解定语从句的能力就会提高。

（2）插入部分的干扰。在不少英语长句中，常有一个用逗号隔开的插入成分或修饰成分或补充说明的成分出现在主语与谓语，或谓语与谓语之间，因而难于确定这样一类句子的句型。对这样一类插入部分也应采取"暂不理睬"的做法。如：But in actual fact sportsand games can be of great value，especially to people who work with their brains most of the day，and should not bet treated only as amusement. 如果对逗号之间的插入部分视而不见，暂不去理睬，那么很快就会发现 can be of greatvalue 与 should not be-treated 是两个并列的谓语。从而能准确地了解这一句子的句型特点，并从总体上把握住该句的意义。在此基础上再考虑插入部分的意义，就能进一步全面理解该句的意思。

3. 识破假象

如：…they are huge compared with atoms。有的同学对这句话似懂非懂，很难一下子认清该句的句型。为什么会出现这种情况呢？原来他们只凭直觉把 are…compared 视为一个完整的谓语形式。造成这一错觉的原因在中学英语教材中，过去分词短语用作状语的句子结构多为"主—谓"，"生—谓—宾"和"主—谓—状"等，谓语都是行为动词。也就是说在"主—系—表"句型中少有过去分词短语用作状语的情况。学生只停留在这种语感基础上，因而便产生了上述错觉。其实如果对 huge 一词的词性，语法功能以及它在该句中所出现的语序情况稍作分析，就能得了这样一个结论：huge 是形容词，在该句中，只能作 are 的表语，而且形容词不可能在被动语态的助词与过去分词之间充当任何成分。因此该句的句型只能是"主系—表—状"。这样，整个句子的意思也就明确了。

假象多为语序印象所产生。识破假象的有力手段，是对句中的某些单词再作进一步的观察与分析。这种观察与分析的实质性工作就是多角度思维与逆向思维的过程。由此看来，在阅读难句的过程中，同学们应不断培养多角度思维与逆向思维的能力，以增强认识假象的本领。

4. 敢于判断

英语是一门非常活跃的语言。任何语法书籍也很难把错综复杂千变万化的语言现象统统包写进去，老师的讲解也是如此。于是，便要求我们在阅读中灵活运用所学语法知识，善于从一般规律出发，正确判断一些难句的结构和句型。

如：…but what it learned in books cannot have the same effect on a child's character as what is learned by experience. 语法书在论述"…the same…as…"结构时，几乎没有列举在 as 之后连接从句充当某一成分的例句，老师也很少讲述这种情况。因而，我们对上句中 as 所接的 what 从句出现疑惑，这是一种正常现象。

63 语法学习的常用方法

1. 图表法。大家知道，外语语法不像单词、词组或句子那样形象而具体，相对比较好学好记，语法概念比较抽象难懂，有些语法规则更是难学难记，运用起来也难以得心应手。根据形象思维及其科学记忆原理，学习语法时，如果把一些极为抽象而且特别难懂的语法概念或语法规则化繁为简，将其化解为形象感很强，条理层次清晰分明，语法含义明了浅显，让人一看就懂的图表形式，学好语法就可化难为易了。

例如：

（1）英语中的构词法，介词的意义和用法、数词和动词的语态，同义词辨异等语法内容，均可采用语法图示表义法进行学习。

（2）对英语中的人称代词、物主代词、指示代词、反身代词、否定代词、动词的时态和语态、不规则动词变化，以及简单句句型的分类等语法内容，均可采用语法意义表进行学习。

2. 归纳法。采用归纳法学习语法的优点是：第一，可将学过的零散的语法知识通过归纳和总结使其条理化、系统化和类别化，便于从整体上掌握语法体系。第二，通过归纳和总结，能有效地促进对学过的语法知识的复习和巩固，从而加深印象，防止遗忘。第三，能帮助学习者加深对所学语法知识的进一步的理解，从而有助于掌握语法的实质和内涵。第四，便于发现和总结出某些语法的规律和异同点，从而可避免在具体运用语法知识时出错。

归纳法又可分为以下3种：

（1）积累归纳法。积累归纳法就是，在日常的外语学习中，把随时学到的各种语法知识进行分门别类加以归纳，边学边归纳，学习多少归纳多少。当某一类别的语法知识全部学完后，所积累归纳的语法知识就会形成一个相对完整的语法体系。

例如：在学习英语动词时态的句型时，可把随时学到的英语动词时态及其句型，按分类顺序和句型类别加以分门别类地积累和归纳，将随时学习的动词时态按：①一般现在时②一般过去时③一般将来时④一般过去将来时；①现在进行时②过去进行时③现在完成时④过去完成时，分成三大类和八小类进行归纳，然后再将每一小类的动词时态按其肯定句、否定句、问句、答句四种句型进行归纳，通过这种积累式归纳，最终将形成以下英语动词时态句型的相对完整的语法体系：动词一般现在时态句型（以be 和 go 为例）。英语中的其他语法内容均可采用这种积累归纳法进行学习。

（2）单元归纳法。单元归纳法是针对外语教科书中的语法内容而言，在外语教科书中，各种语法内容的难易和先后编排顺序都是根据不同语种的学习特点、外语的专业性程序、教科书的读者对象、所要求的授课时数及课文的语法内容等情况合理安排的。因此，外语教科书中的语法内容都是以相对的语法阶段——语法单元的形式设计出来的。采用单元归纳法学

习语法也就是按照教科书中的单元语法内容，将所学的各种语法知识分门别类的归纳总结到一起，使其形成相对完整的语法体系，以便于从整体上系统地学习和掌握语法。

（3）系统归纳法。采用系统归纳法学习语法，就是把学过的同类语法内容按照一定的顺序和逻辑关系纳总结成完整的语法体系，使其类别化、系统化。

3. 对别法。对别法就是将类别相同、相似或相反的语法内容通过各种各样的对比方法，发现和找出其异同点，以便在学习和应用语法的过程中加以区别，防止知识混淆，加深记忆。采用对别法学习语法有以下益处：第一，通过相同或相似的语法现象及用法的对比，可发现它们在语法内容和实质上的要相同和不同点，从而有利于准确掌握语法的内涵和语法规则的应用范围。第二，通过对比，能加深印象，从而增强对语法知识的记忆。

4. 读析法。就是通过读析难易适度的阅读材料和原文来学习和巩固语法知识，是准确而牢固掌握语法知识的又一有效手段。

采用读析法学习语法的基本原理是，学习者通过对阅读材料和原文的大量阅读和语法剖析，将各种疑难复杂的语法现象化繁为简，并使语法定义和规则同读析过程中遇到的具体语法现象"对号入座"，以求达到对语法知识学新固旧，增强记忆，提高学习者实际运用语法的综合能力的目的。

采用读析法学习语法可按以下 6 个步骤进行：

（1）选材。对外语初学者来说，最好选择教科书中的课后阅读课文或外国低幼读物。

对中学生来说，除选择教科书中的课外阅读材料外，还适当选择外国童话、神话和寓言故事等。

（2）由繁到简分解。阅读材料备好后，先从中选出一篇你认为比较容易的文章，然后按着"由大到小"，"由繁到简，由长到短"的方式，将这篇阅读文章分解成若干个自然段，如果某些自然段过长过繁，还可再将其分解为意思相对完整的几个语段或句子，若语段中的句子较长，还可将长句分解成短句，乃至分解成更小的短语或词组。全文分解完毕后，再将分解开的自然段、语段、长句、短句、短语和词组，按从前至后的顺序编上序号①、②、③、④、⑤……

（3）根据语法剖析结构。根据学过的全部语法知识，按照分解文章时标出的句段序号的顺序，逐段逐句地进行语法剖析，即依据语法定义和语法规则，对语段和句子的结构及成分进行语法剖析，并确定出以下内容：

①是哪一种句子类型：简单句还是复合句？

②若是复合句；是并列复合句还是主从复合句？

③确定句中成分：主语、谓语、宾语、补语、定语、状语。

④根据句子成分确定其词性：

a. 充当主语的是什么词：名词还是代词？或其他语法形式？

b. 充当谓语的是什么词：是动词、名词还是形容词，或其他语法形式？

c. 充当宾语、补语的是什么词：是名词还是代词，或其他语法形式？

d. 充当定语的是什么词：是形容词还是名词，或其他语法形式？

e. 充当状语的是什么词：是副词还是其他语法形式？……

当然，还可以在剖析和确定上述语法结构与内容的基础上，再进一步细致剖析和确定其他语法内容，如：句中动词是什么形式：是现在时？过去时？将来时？主动语态？还是被动语态？定语是什么定语：前置定语还是后置定语？一致定语还是非一致定语？状语从句是哪一种：是时间状语从句？目的状语从句？原因状语从句？还是条件状语从句？总之，凡是能用学过的语法知识对语段和句子进行分解和剖析的都应尽量细致地去分解和剖析，对语段和句子的结构的语法剖析越细越好。

（4）温故推新。这就是说，只要对句子的语法结构剖析清楚并弄懂其语法含义后，就不必在原来的语法内容上纠缠不休，应继续往下进行。

（5）推究疑难。在读析过程中，碰到的所有语法现象未必都是学过和明白的，必然会遇到一些从未学过或虽然学过却尚未弄懂的语法现象和疑问题。这时，切勿轻易将其放过，应立刻将有疑难问题的语段或句子的序号记下来，当时如能借助语法书或词典解决的，最好及时解决。一时难以解决的，待全文读析完毕后再查阅有关资料逐一加以解决。

（6）语法规则"对号"。在读析过程中，如果遇到从未学过的语法现象和语法疑难问题，首先将这些语法疑难分门别类，看其属于哪一类语法问题：是词法范畴还是句法范畴的问题？然后根据其不同类别的问题，从语法书或词典中找到与之相对应的语法论述和答案，再同具体的语法疑难问题"对号入座"，有的放矢地解决具体的语法难题。

64　构词分析法记单词

汉字的偏旁部首是同部字的共同形旁，同时它们还起着共同的表意作用。在"相、盯、看、睿、瞥"这组字中，有一个共同的构成部分"目"字，它不仅使每个字都具有用眼睛观看的基本意义，还使这组字成为同部字。像汉字由偏旁部首组成一样，许多英语单词也是由词根、词缀按照一定的逻辑联系构成的。单词数量虽然浩瀚如海，但常用的词根、词缀数量和汉字的偏旁部首差不多，只有两三百个。若利用词根、词缀对英语单词

进行构词分析和解形释义，单词既好认又好记，词义一目了然。如果像归纳分析同部汉字那样归纳分析同根的英语单词，还可举一反三，触类旁通，很快地记住一组组的单词。这方面，构词分析法与汉字的"以形说义"有异曲同工之妙。

词根是一个单词的核心部分，它表示单词的基本词义。有的词根能单独使用而成为单词，叫做"自由词根"或"根词"。前缀是加在词根或单词前面的部分，它具有一定的含义，能改变、限制或加强词根和单词的含义。前缀的表示方式是在字母或字母组合后面加一短横线，如 in –。后缀是加在词根或单词后面的部分，对词根和单词的意义进行补充。常用的后缀有名词后缀、动词后缀、副词后缀和形容词后缀四种形式。后缀的表示方式是在字母或字母组合前面加附一短横，如 – er。中缀是在单词里起连接作用的字母或字母组合。

1. advise *vt.* 劝告，建议（前缀 ad – 对、向，词根 vis 看， – e 动词后缀；就某件事应该如何做向别人提出自己的看法）

2. invisible *a.* 看不见的，无形的（前缀 in – 不、无，词根 vis 看，形容词后缀 – ible 可…的；不可能被看见的）

3. revise *vt.* 复习，修改（前缀 re – 再、又，词根 vis 看， – e 动词后缀；为了究错而再次查看）

4. television *n.* 电视，电视机（词根 tele 远，词根 vis 看， – ion 名词后缀；通过电波由远处传来可供观看的图像）

5. visual *a.* 看得见的，视觉的（词根 vis 看，形容词后缀 – ual…的；看得见的）

65　庖丁解牛法记单词

　　当一些英语单词比较长而无法用其他方法记忆，我们就可以运用庖丁解牛法尝试一下。此法原理出自中学课本里的古文《庖丁解牛》所记叙的故事。文中说庖丁在解剖牛体时，技艺高超，动作敏捷，姿态优雅，原因就是他对牛体的骨架脉络结构了然在胸，知道关键环节之所在，故能操刀自如，游刃有余。因此，对于那些较长的单词，我们可以先仔细观察其词形特征，从便于记忆的角度出发，将其人为地分解成自己所熟悉的单词、英文字母和汉语拼音、拼音字母或拼音的首字母，然后用奇特联想法串起来，造成了深刻印象，就能达到以旧带新、速记单词的目的。庖丁解牛法实际上就是合成记忆法、构词分析法以及借梯上楼法融合之后的演变。

1. ache vi. /n. 疼痛〔一（a）扯（che）绷带，伤口就疼〕

2. banquet n. 宴会〔宴会未过半（ban），宾客却（que）退（t）席〕

3. career n. 生涯，职业〔家长都关心（care），儿（er）子的职业〕？

4. desire v. /n. 愿望，要求〔愿望得（de）到满足，先生（sir）见到嫦娥（e）〕

5. island n. 岛，岛屿〔岛是（is）水中的陆地（land）〕

6. panda n. 小熊猫〔小熊猫盼（pan）长大〈da〉〕

7. rare a. 稀有的，难得的〔人（r）是（are）稀有的高级动物〕

8. shoulder vt. 肩负，承担〔应该（should）让儿（er）子肩负重任〕

9. tenant n. 房客〔房客一巴掌，揍扁十（ten）蚂蚁（ant）〕

10. weather n. 天气，气象〔我们（we）正在（at）听她（her）预报天气〕

66 归类法记单词

英语词汇的量庞大，因此，我们在学习英语单词时，要善于发现词与词之间的联系，找到这种联系的规律，把单词按一定的规律加以归类，通过已知的旧词来学会新词，这就是归类记忆法，这是英语单词学习中很重要的一个方法。掌握了这个方法，就能够使机械记忆转化为理解记忆，大大提高掌握生词的效率。归类时可遵循以下几个标准：

（1）根据词义归类。具体又可以分为以下几类：① 按词义的类型来排。如按照"衣服"可以把 clothes（衣服总称）、dress（女装，童装）、coat（外套，上衣）、sweater（运动衣）、blouse（女衬衫）、cardigan（开襟绒线衫）、shirt（衬衫）排在一起；按照"学科"可以把 Chinese（语文，中文）、maths（数学）、physics（物理）、biology（生物）、English（英文）、geography（地理）、history（历史）、chemistry（化学）排在一起；按照"肉类"可以把 meat（肉）、beef（牛肉）、mutton（羊肉）、pork（猪肉）、fish（鱼肉）排在一起。还可以把表示"燃料"的词排在一起：wood（木材）、coal（煤）、charcoal（木炭）、kerosene（石蜡）、coalgas（煤气）、uranium（铀）等。② 按同义词或反义词来排。同义词表示"可能的"有：possible, probable, likely 等；表示"说"的有：speak, say, talk, tell 等；表示"看"的有：see, look, watch, notice, observe, glare, stare 等。反义词如 cheap（便宜的）与 expensive（昂贵的）；exist（出口）与 entrance（入口）；pull（拉）与 push（推）；forbid（禁止）与 allow（允许）；upstairs（到楼上）与 downstairs（到楼下）；inside（里面）与 outside（外面）；black（黑）与 white（白），superior（上等的）与 inferior（下等的）词义相反等。

（2）按词形归类。把形近词排在一起。如，high（高的）、night（夜晚）、light（轻的）、flight（飞行）、sight（景象，视力）、right（对的）、bright（明亮的）、might（可能）等词的词义虽然很不相近，但词形相似，因此可以把它们放在一起记忆。如 whether（是否）和 weather（天气），dig（挖）和 dip（浸，蘸），beer（啤酒）和 bear（熊），sweet（甜的）和 sweat（汗），stuck（stick 过去式）和 struck（strike 过去式）等，这几组词当中只有个别字母的差异，可以比较来记忆。

（3）根据构词法归类。构词法分为派生、转化、合成、前缀、后缀、词根等方式。表否定的前缀有：dis－，如 dishonest, disagree, disorder；un－, 如 unfair, unreal；non－, 如 nonstop, nonsmoker, nonviolence 等。表派生的有：luck（运气），如 lucky adj., luckily adv., unluckily adv.；表名词后缀的有：－tion 如 education, production, revolution。形容词后缀有：－able，如 comfortable, eatable, readable。动词后缀－en, 如 deepen, sadden, frighten 等。利用构词法的知识记忆单词，不仅可以记忆成串的单词，以一带十，扩大词汇量，而且还便于辨别词性。

（4）按读音归类。如同音异形词：sun（太阳）和 son（儿子）；know（知道）和 no（不）；here（这儿）和 hear（听）；there（那里）和 their（他们的）；meet（遇见）和 meat（肉）。

67　趣味法记单词

趣味学习法是诸多记单词方法中行之有效的一种方法，不仅轻松有趣，而且对我们学习英语也是大有益处的。具体地讲，有以下三种途径：

1. 编一段话。就是自编一段话，把学过的单词放进去，这样，既记住了单词的读音，又可以在一段情景中感知到单词的意义，通过理解更有利于记忆，可谓一举两得。如有位孩子学了 11 个单词，于是就"中西"结合，编了以下一段话：

今天是星期天，早晨起来，我刷好牙、洗好脸，吃了一块 cake，背上我的 bag，戴上我的 hat，骑上我的 bike，来到了汽车站，拿出一面 flag，拦了一辆 car，到郊外放我的 kite，玩了一会儿，我口渴了，于是拿出一只 glass，喝了一杯 milk；一看天色不早了，马上乘上 jeep 回到了家里，我的 dog 正在门口欢迎我呢。

2. 唱一支歌。对初学英语的同学来说，由于一些单词的发音很拗口，不能朗朗上口，时间一长，极易遗忘。如果我们在歌曲中，可以把难读的单词编入歌曲中，这样就可以通过唱歌来记忆这些单词。

3. 做一个游戏。游戏不仅能活跃气氛，调节我们的学习情绪，更重要的是能培养我们的英语学习兴趣。久而久之，便形成一种良好的英语学习习惯。例如：我们在自习时可以和同学分成两组，选几位轮流做裁判，两组同学用句型 This is a……, I think 来猜礼盒里面的动物，猜对了，得一分。若猜对，裁判就说：Yes, it is. 猜不对则说：No, it isn't. 每个礼盒直至猜对为止，比赛就结束，两组比分数定胜负。在这个游戏中，我们的好胜心被激起，积极地投入到学习中来。这样的游戏，不仅充分发挥了我们的想象力，也让我们在玩乐中掌握了单词和句型，同时培养了英语交际能力。

68 顺口溜法记忆英语知识

英语与其他学科比较起来，知识点多、繁杂，记忆起来更加困难。可是，如果我们对这些难记忆的知识编成顺口溜的形式，就有利于记忆了。

1. be 的用法口诀

我用 am，你用 are，is 连着他，她，它；

单数名词用 is，复数名词全用 are。

变疑问，往前提，句末问号莫丢弃。

变否定，更容易，be 后 not 莫忘记。

疑问否定任你变，句首大写莫迟疑。

2. 时间名词前所用介词的速记歌

年月周前要用 in，日子前面却不行。

遇到几号要用 on，上午下午又是 in。

要说某日上下午，用 on 换 in 才能行。

午夜黄昏须用 at，黎明用它也不错。

at 也用在明分前，说"差"可要用上 to，

说"过"只可使用 past，多说多练牢牢记，

莫让岁月空蹉跎。

3. 记住 f（e）结尾的名词复数

妻子持刀去宰狼，小偷吓得发了慌；

躲在架后保己命，半片树叶遮目光。

4. 巧记 48 个国际音标

单元音共十二，四二六前中后。

双元音也好背，合口集中八个整。

辅音共计二十八，八对一清又七浊，

四个连对也包括。有气无声清辅音，

有声无气浊辅音，发音特点应掌握。

69 英语复习"听、说、练"

外语作为一门语言，基本上是一门技能课、实践课，而不是一门理论课、知识课。因此，学好外语始终要抓听、说、练，三者将读音、拼写和用法融为一体，从而达到好的学习效果。所以我们复习时，也应从这3方面着手。

1. "听"的内容主要由课本同步听力训练和日常听力训练两部分组成。课文是教材的中心，是语音、词汇、语法知识、听说读写活动和培养听说读写能力的综合材料，是复习的主要依据。所以，进行课本同步听力训练时，首先要通览课文，提出要点攻破难点。

学好一门语言，最重要的是能听懂、会表达。练好听力，最好听外国人说的、自然的外语。我们可以充分利用收音机、复读机和MP3等资源，练好外语听力。比如，每天你可以找个固定时间听电台播出的《每日英语》、《英语听力集锦》、VOA的The making of A Nation（建国史话）等等。还可以到相应的网站下载所需听力的内容。在听外语时，要抓住一些关键词语，不要强求听懂每一个词，这样才能很快了解大意。

练习听力时，许多同学抱怨听不懂，因而丧失了听的乐趣，往往半途而废。其实，即使听不懂也是一种学习，只不过你自己没有觉察到。虽然暂时听不懂，但你的耳膜已经开始尝试适应一种新的语言发音，这本身就是一次飞跃。所以切记，听不懂时也要坚持听，因为你在进步。

2. "说"。学口语的最好办法不是做习题，也不是背诵，更不是看语法书，而是反复高声朗读课文，这样做是为了培养自己对外语的语感。只有具备了语感，才能在做习题时下意识地写出正确答案。而且，当我们熟练朗读几十篇课文后，很多常用句子会不自觉地脱口而出。

如果我们周围有对外语特别感兴趣，并且说得好的亲朋好友，也应该利用一切机会和他们讲外语，好好地听和问一些我们感兴趣的话题，尽量向他们多学习。这样能够增强外语听说能力。

3．"练"。练习题是巩固基础知识的好方法。目前市场上学外语的材料很多，这给大家提供了更多的选择余地，但处理不好也会带来不良后果，今天用这个材料，明天换另一本材料，学习便失去了系统性。我们要选中一套参考书，以它为主，其余材料可以作为补充。另外，还要根据自己的实际情况选择题型做练习，不要搞题海战术。比如，语音差的同学可以多做些语音方面的题目；写作能力差的同学应该多做些看些范文，自己动手写一写、练一练。总的来说，做题的精力应该放在自己薄弱的环节上，这样才会取得事半功倍的效果。

家长和孩子必知的 100 种现代学习方法

第八章　政治学习法

70　寻觅规律学习

规律是指事物内部本身固有的必然联系。不论是自然界或是人类社会，事物彼此之间都有联系。通过对事物之间联系的分析，从中找出其规律的东西，有助于我们学习。

寻觅规律法是指通过对政治课诸多原理的学习，使自己在动脑、动手的基础上，探求相关原理的规律的学习方法。

规律是指事物内部本身固有的必然联系。不论是自然界或是人类社会，事物彼此之间都有联系。通过对事物之间联系的分析，从中找出其规律的东西，有助于我们学习。

我们在学习唯物辩证法时，已经掌握了主要矛盾和次要矛盾在一定条件下可以相互转化的原理。也就是说主要矛盾和次要矛盾不是一成不变的，只要具备一定的条件就可以互相转化。如：中国新民主主义革命时期，由于日本帝国主义大举侵略中国，使民族矛盾上升为主要矛盾，而阶级矛盾就降为次要矛盾。根据主、次矛盾相互转化的原理，我们就可以根据"寻觅规律法"帮助我们较好地掌握矛盾主要方面和次要方面在一定条件下可以相互转化的原理。

在用寻觅规律法学习政治时要注意以下几点：

1. 所学原理之间有规律可以寻觅，而不能牵强，不然就会把互不相关的事物混淆在一起，则寻觅的规律也不正确；

2. 所寻觅的规律必须较明显，不仅自己能找寻，别人借用此法也可以寻觅；

3. 寻觅的规律要能指导自己的学习，由点带面，全面掌握所学知识。

71 知识概括记忆

在政治学习中，记忆必要的知识非常重要。概括记忆法就是对所要记忆的政治内容进行提炼，抓住关键性内容进行记忆的方法。这种方法的特点是删繁就简，高度浓缩，提高记忆效率。运用概括记忆法的具体办法如下：

1. 用语缩略。对于较长的词语、名称、概念予以简化和省略。如"中国共产党"可缩略为"中共"。

2. 重点提示。把材料进行综合归纳，将重点标列出来，作为记忆的提示。如"双百方针"就是"百花齐放、百家争鸣"的提示。还有一种是概括为公式，如"团结—批评—团结"。

3. 内容凝聚。内容庞杂繁杂的材料，可以有意识地从识记材料中找出关键性的字眼，使之凝结聚集着全部材料的内容，并将这些字眼作为记忆的"中介"，以引起对材料内容的全面再现。

此外，还有主题概括、同类合并等。这些概括的方法既可以单独使用也可以联合使用。概括记忆法适合记忆内容较复杂的、较系统的、较深奥的知识。另外，这种方法要求我们必须具备较强的思维能力和概括能力。

72 学好政治"八字法"

要学好思想政治课，既要有明确的学习目的，又要有严谨的治学精神，更要有科学的学习方法。掌握科学的学习方法，遵循学习的过程和规律，不仅能系统而又牢固地掌握政治理论的基本知识，而且能够避免更多的无效劳动，达到事半功倍的效果。总结了"八字"法：巧读、善思、勤问、精练。

1. 巧读。读书要有计划性、目的性，要会读书。政治课本，课前要预习，课后要复读。先粗读，了解课文的内容，后细读、精读，领会每课、每节、每框的精神实质，找出其中的一些关键论点、论据。同时，思想政治课和社会现实紧密联系，学生不仅要读课本，还要养成读报刊，关心国家大事的习惯，以更好地做到理论和实践的有机结合，更好地掌握、融合、消化政治理论知识。

2. 善思。在"巧读"的基础上进行认真思考，运用科学的思维方法，"去粗取精、去伪存真、由此及彼、由外及里"，进行分析和综合，透过事物的现象，把握事物的本质和规律。通过思考，进行比较、分析，把握教材中的重点、难点，分析教材结构及其内在联系，由点到线，由线到面，由面及体，使零碎的知识网络化，分散的知识条理化，具体的知识系统化，从而构建基础知识的立体框架结构，从宏观上把握住课本的知识结构以及所学知识之间的内在逻辑和各章节之间的内在联系，从面对政治基本概念、基本观点、基本原理加以理解和掌握。

3. 勤问。在"巧读"、"善思"的基础上提出问题，对所学的基本概念、观点、原理提出质疑，这是读书、思考的必然结果，也是学生钻研的开始，是学生求知欲的表现和良好的学习习惯。提出问题，既有助于学生对知识的理解，对实际问题的解决，又有助于学生准确地认识各种社会现象，以及正确处理各种社会问题。

4. 精练。练习是掌握知识、巩固知识的重要环节。练习的方式很多，有提问性练习、讨论分析性练习、阶段性练习、综合性练习、实践性练习等等。这些练习的目的无非进一步巩固所学知识，提高分析和解决实际问题的能力。但练习不必过多过滥，可少而精，通过练习既要能够把握从个别到一般，加深对知识的规律性认识；更要学会从一般到个别，用一般来指导个别，解决实际问题。要通过练习，进一步深化认识，扩展认识，把认识不断地向前推移。

73 政治概念学习

概念是对于同类事物共同具有的本质特征的反映。人类科学认识的成果都是通过形成各种概念来加以总结和概括的，一切科学的理性认识活动都需要借助于概念才可以进行。在政治课学习中，抓好概念的学习，对于我们准确掌握和运用概念，进行判断、推理，正确理解有关的基本原理，提高分析问题和解决问题的能力，都有着重要的意义。下面介绍概念学习的几种方法：

1. 剖析定义法

剖析定义是指根据下定义的方法分解定义，通过分析定义概念之间的关系来揭示被下定义概念所反映的对象的本质特征的方法。常见的给概念下定义的方法是：种概念＝种差＋属概念。根据这种定义方法，在学习概念时，可分三步进行：一是分解，二是归类，三是区别。

如教学"商品"这一概念时，首先把"商品是用来交换的劳动产品"分解为"用来交换"和"劳动产品"两部分，便于掌握种差和属概念。其次是把商品归类于"劳动产品"，指出它是经过劳动创造出来的，而不是自然界中现存的东西。最后又把商品和劳动产品区别开来，指出"用来交换"的劳动产品才是商品。这样学习，从特殊到普遍，又从普遍到特殊，有助于我们从种和属的联系与区别中较准确地把握概念所反映的对象的本质特征。

剖析定义的方法易于把握概念所反映的事物的本质特征，因为抓住了"种差"这个特殊性，也就抓住了特殊的质。同样，把握了说明或规定概念的各个方面的含义，也就把握了概念所反映的对象的全部含义。这种方法对我们识记概念，分析理解新概念有较好的实际作用。

运用分析句子成分法和分层注释法，是剖析定义，掌握复杂概念的直接方法。有的概念文字表述较长，附加成分多，结构复杂，可通过这种方法理解记忆。

如"阶级"的定义：

（1）定义的主干是：阶级是集团，这就说明了阶级不是指个人，而是指集团。

（2）阶级既然是一个集团，那么是一个什么样的集团呢？是一个集团能够占有另一个集团的劳动的集团。这就揭示了阶级的本质，说明不是任何集团都能够成为阶级的。

（3）为什么一个集团能够占有另一个集团的劳动呢？由于它们在一定的社会经济结构中所处的地位不同。这就指明了划分阶级的标准。划分阶级不是按人们的政治地位、思想态度、职业状况来划分的，而是根据人们在一定的社会结构中所处的不同地位，尤其是对生产资料的不同占有来划分的。

（4）什么是人们在一定的社会经济结构中所处的地位不同呢？就是人们在一定的社会生产关系中所处的地位不同。这样通过先分析定义主干，再逐层深入分析其内在联系，就能很快理解掌握这个概念。

2. 演绎归纳法

有的概念抽象难懂，我们可以用抽象概括的方法来形成概念。

如，"剩余价值"概念。首先，我们可以算一笔账，以教材中天津东亚毛纺厂1936年毛线生产为例，通过计算，一个工人每天创造2.40元的价值，其中0.4元是支付给工人的工资，剩下的2元，就被资本家白白地拿走了。这2元就是剩余价值。在算账过程中我们可以给自己提问：①比较工人劳动创造的价值和自己得到的工资可以说明什么？②这2元钱是由谁创造的，最后被谁占有了？这样我们就会自然而然得出结论：在资本主义企业里，工人劳动创造的价值远远大于自己所得的工资。由工人劳动所创造，而被资本家无偿占有的那部分价值叫"剩余价值"。

理解了"剩余价值"的概念后，我们可进一步给自己提问：一个工人一天为资本家创造剩余价值2元，一年创造多少元？如果资本家雇佣了200个工人，那么一年共为资本家创造多少元？一个工人一年创造：$2 \times 365 = 730$（元）；200人一年创造：$730 \times 200 = 146000$（元）通过计算，我们会清楚明白：资本家是靠无偿占有工人创造的剩余价值来发家致富的。

这样，我们对"剩余价值"的概念就清晰透彻了，但是有的同学也许会产生联想：在社会主义社会，工人劳动创造的价值是不是也远远大于自己的工资？如果是，那么除工资以外的那部分价值归谁占有了呢？有了这样的提问，我们在学习其他的时候就可以归纳出：在我们社会主义国家，工人劳动创造的价值也远远大于自己所得的工资，除去工资以外的那部分价值由代表人民利益的国家和集体所有。这是取之于民、用之于民的"合理"扣除，与资本主义剥削有本质区别。这样我们就能够在理解的基础上掌握政治概念的内涵和外延。

3. 综合法

所谓综合法，就是把认识对象的各种成分、要素或特性有机地联系起来加以认识的方法。客观事物是一个矛盾的统一体，要正确地认识客观事物，就要在分析的基础上，对客观事物的各种规定性综合起来考察，形成对于客观事物的整体的认识。

例如"商品"这个概念，通过分析，知道它有两种基本属性：价值和使用价值。在这个分析的基础上进行综合，就得到"商品是使用价值和价值的统一体"这样一个完整认识。这和归纳法不同，归纳只是个别归纳成类，把每一个用来交换的劳动产品归到商品中去。至于为什么能交换，归纳法不能揭示这一点。综合法就不同，它能把商品内在的多种规定性完整地反映出来，回答了商品之所以能够交换，是因为它具有使用价值和价值。它所揭示的概念的内容更丰富、更具体，因而也深刻得多。又如，"法律"这个概念，通过分析知道它具有几种基本属性：它不仅调整统治阶级和被统治阶级的关系，而且也调整着统治阶级内部的关系，从而维护统治阶级的整体利益；它反映统治阶级的意志，是统治阶级意志的表现；它是由国家制定或认可并以国家强制力来保证实施的。因而，是对全体社会成员具有普遍的约束力的行为规范。在这个分析的基础上，把"法律"的多种规定性综合起来，就比较全面、比较深刻地反映了"法律"的本质。

我们所说的综合，并不是把感性材料凑合在一起，而是对客观事物内在的多种规定性，有机的、统一的反映。这种反映，是建立在对事物的矛盾进行分析的基础上的，是经过思维加工的，能够更深刻地反映事物的本质。

在实际的学习过程中，分析和综合通常也是结合使用的。既然客观对象是个复杂的矛盾统一体，因此认识它时，既要有分析，又要综合。分析是综合的基础，没有分析就没有综合。同样，分析也不能离开综合，没有综合的分析，会陷于只见树木不见森林的片面性，缺乏全面的观点。庖丁解牛，首先就有一个对牛的整体的认识，没有这个认识，庖丁也无从下刀。另一方面，分析和综合在思维过程中，是你中有我，我中有你，互相渗透的。在分析中有综合，在综合中有分析。

总之，学习概念就是为了理解和掌握好原理，而掌握科学理论最终目的是为了指导实践，因此，在学习过程中必须注意逐步运用所学过的概念、原理。

74 考试巧用"标签法"

政治考试的变化就是改闭卷为开卷。然而，因为题目分布广泛，内容繁杂。尽管是开卷，一些同学仍然拿不了高分。考试时手忙脚乱，许多时间都花在往返翻书上。为此，上海市竹园中学的史亮同学创立了"标签法"，效果很好。

针对政治课本如果一遍一遍地看，不仅要花费大量时间，而且考试时未必能一下子找到答案。怎么办呢？史亮同学一边想一边翻着政治书，无意中翻到目录这一页时，看到目录上每篇课文题目后都注有页数，方便翻阅。他从中得到启发：何不模仿目录，做一些标签，使他在考试时能迅速查到要找的内容呢？

于是史亮同学设计了一套完整的标签制作法：

1. 找些较厚的不易折断的纸，剪成长约2厘米，宽约1厘米的纸条。

2. 在纸条长度偏右的1厘米处，根据课文内容写上2~4个字，用透明胶纸或双面胶纸将纸条的左边贴在相关页数的右上角，露出所写的字。

3. 露出书外的部分不能互相重合，要叉开，以便能看清标签上的字。

这样，简单的标签就做好了。开卷考试时看到题目，思考答案应该在哪一部分，就可以查露在书外的标签，立刻就能翻到所需内容，节省了大量的时间。

做标签只不过是政治复习的一种方法，要取得好的效果，还需要有一些相应的学习方法与之配合：①上课时要将老师讲的重要部分划出来；复习时，要在自己觉得重要的内容上标上记号。这样，考试时查到有关页数后就能一目了然地看到答案了，可以节省大量的时间；②复习时，还必须认真地阅读课文，加深印象。考试时看到题目，才能迅速判断应从哪篇课文中找答案，就能立即查到。可以避免因不熟悉课文而浪费大量翻阅、查找的时间。

下篇

分科学习法

第九章　物理学习法

75　物理观察基本方法

物理学习要求我们对物理现象有较强的观察能力。然而刚刚进入中学的学生有大多不懂得观察的最基本方法。下面介绍物理学习观察中的一些方法：

1. 观察仪器的刻度。中学物理仪器刻度的观察，主要就是要弄清刻度的最小分度值是多少单位，即每最小格之间值是多少，由此确定估读到哪个单位，准确度只能达到最小分度值。读数是准确数加一位估计数。例如，所用直尺最小分格是 1 毫米，若初测物体的长度是 3.45 厘米，则其准确值是 3.4 厘米，而 0.05 厘米是估读数字。

2. 观察仪器的构造。仪器的构造观察，主要是观察仪器的结构，每个部件的作用、工作的原理、用途、测量范围，有几个量程，怎样使用，注意事项。例如温度计是利用液体热胀冷缩的原理制成。温度计的底部都有一个玻璃泡，内盛液体，上部是一根顶端封闭，内径很细而均匀的玻璃管，在管和泡里有适量水银，管上标有刻度。温度计由于用途不一样，测量范围也不一样。如体温计的测量范围是 $35℃ \sim 40℃$，实验室水银温度计测量范围是 $-20℃ \sim 100℃$。使用前应注意测量范围，所测温度不允许超过测量范围。使用时应使玻璃泡跟被测物体充分接触，等温度恒定后才能读数。

3. 观察仪器铭牌、说明书。仪器的铭牌、说明书是观察仪器的名称、使用方法、作用、使用条件、额定条件、注意事项以及其他规定标准。例如，天平说明书上，有如何校水平、安装、校平衡，如何操作，规定标准，使用注意事项。如规定标准中称量 200 克，感量 0.02 克。其称量表示每次最多允许 200 克。感量表示能称出最小量是 0.02 克。小于天平感量，天平就感觉不出来了。天平的感量越小，它的准确度越高。

4. 观察图像、图表。图像的观察，主要是观察它反映的是什么物理现象，物理量变化过程怎样，物理量的变化遵循什么规律。图表的观察，主要是观察图表的意义、用途、应用条件、物理量的单位等。

5. 观察实验装置的安装。实验装置的安装观察，主要观察实验装置的用途，使用了哪些仪器和元件、仪器装配的顺序和方法等。

6. 观察实验的操作过程。实验的操作过程的观察，主要观察操作前都做了哪些准备工作、操作实验的顺序、操作的过程。如测定物质的比热实验的操作过程。操作前的准备工作是准备量热器、天平、量杯、铜块、水、铁架台、酒精灯、烧杯；画好记录数据表格；拟定操作实验的顺序。

7. 观察实验的现象。实验现象的观察，主要观察现象产生的条件、现象产生的过程、产生的现象。例如，两根相距很近的平行导线，当通入相同电流时，互相吸引，当通入相反方向电流时，互相排斥。其现象产生的条件和过程是给两平行且相距很近导线通直流电就有相互作用，当通电流方向相同或相反时，产生相互吸引或相斥的现象。

8. 观察实验的数据。实验数据的观察，要求观察的方法要正确，数字的读数要根据仪器最小刻度达到一定的准确度，记录测量的结果，必须明确数值的单位。例如测物体长度，观察刻度时要眼睛正视刻度线，不能斜视。观察装在玻璃筒里或玻璃杯里水面到达的刻度时，视线要跟水面凹形的底部相平。观察水银温度计时，视线要和水银最高处相平。

9. 观察影响实验现象的原因。影响实验现象原因的观察，主要观察实验原理是否正确，仪器布局是否合理，仪器使用是否正确，仪器准确度是否达到要求，实验操作过程是否失误。如测小灯泡的功率，由于小灯泡功率很小，安培表、伏特表都应选低量程，变阻器选最大阻值较小的变阻器。这样才能较正确测得电流强度、电压的值，变阻器的阻值变化才能较容易的调准小灯泡所加的电压，正确观察到灯泡明暗现象。否则实验就产生很大误差或很难调到所需电压。

10. 观察老师的演示实验。老师在演示实验时，主要观察老师规范化的安装实验装置，实验程序的排列，实验的规范化操作过程，演示什么现象，如何得到实验结果，数据的读取和记录，实验现象的剖析等。

76 物理过程分析

我们学物理的过程中感到最困难的就是对一个具体的物理过程作出准确、透彻地分析。因为这除了要求我们对物理知识有一个正确、全面的了解外，还要求我们应用这些知识去分析物理过程。很多同学在物理学习中都有着相似的体会：老师讲课能听懂，书也能够看明白，就是题目不会做，即使"会"做也做错了。这恰恰说明了应用物理知识对物理过程作出正确、透彻的分析往往要比掌握物理知识更为困难。下面介绍几种常用的物理过程分析法：

1. 化解过程层次：一般说来，复杂的物理过程都是由若干个简单的"子过程"构成的。因此，分析物理过程的最基本方法，就是把复杂的问题层次化，把它化解为多个相互关联的"子过程"来研究。

2. 探明中间状态：有时阶段的划分并非易事，还需要我们弄清楚决定物理现象从量变到质变的中间状态（或过程），正确分析物理过程的关键环节。

3. 理顺制约关系：有些综合题所述物理现象的发生、发展和变化过程，是诸多因素互相依存，互相制约的"综合效应"。要正确分析，就要多角度、全方位的进行观察和分析，从内在联系上把握规律、理顺关系，找到解决方法。

4. 区分变化条件：物理现象都是在一定条件下发生发展的。条件变化了，物理过程也会随之而发生变化。在分析问题时，要特别注意区分由于条件变化而引起的物理过程的变化，避免把形同质异的问题混为一谈。

77　物理公式复习

物理公式一般有反映物质某个属性的定义式或量度式，也有反映物理量之间客观规律的决定式，还有直接反映某个实验定律的表达式等。如果我们在复习中能充分发挥公式的作用，并将有关概念、规律有机地联系起来，不仅使复习有了新意，而且还可以提高记忆效率、减少运用物理知识的复杂性，大大提高了复习效果。下面介绍物理公司的具体复习方法：

1. 意义理解法。每一个物理公式都表示一个物理概念或物理规律，不是单纯的数学关系。对待物理公式首先要掌握具有相同表达形式的物理公式是定义式还是决定式。如，$I = Q/t$ 是定义式，而 $I = U/R$ 是决定式，也是量度式；$\rho = m/V$ 是定义式，却不是决定式；决定物质密度大小的是物质本身性质决定的，而不是由具有数学表达形式的物理公式来决定。其次，要清楚了解表达物理量的不同物理公式在意义上的共性和特殊性。要

清楚了解表达不同物理量的相同物理公式的不同意义，譬如表示功率的公式 $P = W/t$、$P = Fv$、$P = IU$、$P = I^2/R$ 和 $P = U^2/R$，第一式是定义式，其他各式都包含在这一式之中。或者说第一式是共性式，其他各式是用在不同场合、不同条件下的特殊式。$W = I^2Rt$ 和 $Q = I^2Rt$ 是用相同物理量表达不同物理量，就必须提出它们的不同意义。最后，就是具有类似形式的、完全不同的物理公式 $F_浮 = \rho_液 g V_液$ 和 $P = \rho_液 g h_浮$，要在理解意义的基础上，不要弄混，牢牢记忆。

2. 归类法。就是把各种公式归纳成条，同类联系起来，提高记忆功效。

3. 列表法。就是通过列表，繁杂的公式内容即简单化、特征化和条理化，一目了然，便于查阅，易于记忆。

4. 概念法。有些公式从理解概念和掌握原理出发加以记忆，印象深刻。例如，关于液压机有关压力和压强的计算公式，可以这样理解记忆：因为液压机是利用帕斯卡定律工作的，外加压强由密闭液体直接传递，所以 $P^1 = P^2$ 而 $P = F/S$，故 $F^1/S^1 = F^2/S^2$。

5. 推导法。由熟悉的公式经过推导步骤就可以推出其他的公式。例如，电功率的公式：$P = w/t$，因 $W = IUt$，故 $P = IU$；又因为 $I = U/R$，故 $P = U^2/R$；还因 $U = IR$，故有 $P = I^2R$。这样就在纯电阻电路中，得电功率 P 与电流强度 I、电压 U 和电阻 R 之间的各种关系。

6. 单位法。一个公式的成立，公式两边各式单位一般相同，否则，公式是错误的。从某一物理量的单位可导出公式。例如，密度 ρ 的单位是千克/立方米，千克是质量 m 的单位，立方米是体积 V 的单位，故 $\rho = m/V$。

78 物理实验复习

实验是学习物理的重要环节，重视实验复习不仅有助于牢固掌握物理知识和提高实验技能，而且还能提高对物理概念和规律的记忆效果。所以，实验复习的方法显得很有必要。

初中共安排了 19 个实验，主要内容可划分为：①掌握九个基本工具的使用方法，分别是：刻度尺、钟表、温度计、托盘天平、量筒（或量杯）、弹簧测力计、电流表、电压表、滑动变阻器。②掌握十一个基本物理量的测量原理、步骤，分别是：长度 L、平均速度 v、温度 t、质量 m、体积 V、密度 ρ、力 F、电流强度 I、电压 U、电阻 R、电功率 P。在平时认真复习时，要围绕课本自己看书，做印发的实验基础知识题。在复习物理实验时，要抓好基础，懂得基本工具的使用，掌握实验的目的、原理、器材、步骤。

下面，我们介绍几种复习实验的方法：

1. 列表复习。把实验目的、原理、步骤注意点记录下来，通过列表进行复习。比如，复习"研究凸透镜成像"实验时，列表如下：

物距（U）	像距（U）	像的性质			应用
		倒立或正立	放大或缩小	实像或虚像	
$U > 2f$					
$2f > U > f$					
$U < f$					

用了表格以后，实验的重点、难点、注意点更突出了，易懂易记，更容易掌握。

2. 提问复习。针对某一实验，给自己总结几个问题，达到复习巩固有关物理概念的目的。比如，复习"温度计的使用"时，总结出这样几个问题：①煤油温度计、酒精温度计、水银温度计有什么不同？②实验室里常用的温度计是什么温度计？它与医用温度计相比有什么不同？它们的制造原理是什么？③温度计的细管中为什么不灌入水？使用时应注意哪些？

这种复习方法，能将实验知识挖得深，学得透。

3. 口诀复习。把书中的实验操作过程和注意点编成口诀，可以帮助我们记忆。

比如，复习运动和力一章时，我们可以将这一章的主要内容概括为："动者无力匀动，静者无力永静；衡力等于无力，动静参照而定；动态变化必受力，受力未必是动因。"

口诀贯穿了全章知识的重点：第一、二句概括了惯性定律，第三句概括了平衡力的作用，第四句强调了运动和静止的相对性及选定参照物的必要性，第五、六句概括了运动和力的关系：即力是改变物体运动状态的原因。同时又否定了亚里士多德的错误观点，即运动的物体不一定就是因为受了力。

再比如，天平的使用是初中物理实验中重要的实验之一，要求每位都得掌握。对天平的使用方法可以编成"使用天平要细心，水平放置码对零。调节螺姆看横梁，左物右码两盘分。视物再选码、镊码起放轻。恢复平衡再算明，脏、化、超量不能称。"

如果我们的实验内容很容易记下来，那么我们就没有必要把它们浓缩，只要概括那些难记、易混的内容就可以。

79 整理法复习教材

整理复习法要求我们根据对教材的理解和掌握程度，整理知识结构，然后在课内进行交流、补充和归纳，再应用这些概念和规律来解决一定数量的简单问题。虽然我们的物理水平不一，整理的内容详简有别，但我们通过这种复习方法有利于提高我们的学习主动性。

在物理学中，有许多知识属于一个系列的或是属于同一物质有多种物理性质的，这样的知识通过综合、穿线，使知识成为"系列整体"便于记忆。如，初中学生必须掌握的测量有：①长度的测量；②质量的测量；③体积的测量；④力的测量；⑤温度的测量；⑥电流强度的测量；⑦电压的测量。较复杂的测量有：①密度的测量；②物体在流体中受浮力大小的测量；③滑轮组机械效率的测量；④比热的测量（混合法）；⑤电阻的测量（伏安法）；⑥小灯泡电功率的测量。这些测量都是属于测量系列知识，我们每个人都必须掌握。

其他的概念，如力、质量、电流强度等可做类似的穿线、综合，以形成系统知识，通过这样的综合、穿线，就抓起了初中物理知识的"纲"，这种复习方法有利于形成纲举目张之势，使我们对知识的掌握真正条理化，同时使物理成绩登上新台阶。

80 物理概念学习

物理概念是人们对物理事物、物理现象、物理过程的本质属性的反映，共同特征的抽象，而抛弃了那些个别的、次要的、非本质的东西。例如"力"这一概念，反映了力的最本质的属性、共同特征：力是物体对物体的作用。至于施力物是什么，受力物是什么，力的大小与方向，力的作用效果等都不包含在力的概念中。所以物理概念能够区别出个别与一般，现象与本质，次要与主要的东西。

物理概念是人们通过大量观察、实验，获得感觉、感知，形成观念的基础上，通过分析、比较，综合、归纳、想象、概括等抽象思维而形成的。因此我们掌握物理概念的学习方法显得尤为重要。

1. 阅读法

阅读概念要"四会"，即会叙述、会理解、会联系、会举例。要求在字里行间找学问，关键用语中找联系，典型现象中抓本质。对概念一定要把握它的本质和物理意义。任何概念的提出，都有一定的事实基础，绝不是某个人凭空想出来的，概念的定义，是客观事物本质属性的反映，对概念不能从字面上去理解，以熟记它的条文为满足。一定要真正掌握它的物理意义。有些物理概念，需要几经接触，才能深刻理解，这就需要在阅读课文的过程中，逐步总结。例如理想气体，既是一个重要的物理模型，也是一个很重要的概念。在"理想气体状态方程"一节中，告诉我们：能够在任何温度和压强下都遵守 $pV/T =$ 恒量的气体，叫理想气体。学了分子运动论知道，所谓理想气体是指分子间没有相互作用和分子可以看成没有大小的质点的气体。理想气体没有分子势能，在温度不太低，压强不太大的情况下，一切实际气体都可当作理想气体来处理。阅读课本，就要把相关的内容联系起来，反复推敲。如，对力的概念，会叙述为"力是物体对物体的作用"；会理解为力是物体间推、拉、提、压、吸等作用，这种作用是相互的，离开物体就谈不上有力的作用等；同时，联系到任何力都必具备力的三要素，会用图示或示意图表示力；还要能举出有关力的作用的例子，并会用力的概念解释力的作用现象。

2. 层次法

很多物理概念都具有多层次含义，概念的层次化就是将其复杂的内涵分解为多个层次，让学生一层层逐步认识，最后综合各个层次的内容，给概念下一个完整的定义。

概念层次化的优点在于：①每一层表达概念的一个含义；②使概念通俗化，易于理解；③便于综合各层含义给概念下定义。

概念分层实例：

"匀变速直线运动"

第一层：物体是做直线运动（体现"直"字）；

第二层：物体的速度是变化的（体现"变"字）；

第三层：物体运动的速度是均匀变化的（体现"匀"字）。

综合以上三个层次，给出定义："物体在一直线上运动，如果在任何相等的时间间隔内速度的变化量均相等，这样的运动称匀变速直线运动。"

概念的分层好处很多，但不需所有的概念都一个个分层，对包络宽、内涵深的概念可采用此法。概念如何分层也无需统一模式，有些概念各层内容的关系是平行的；有些概念的各层次间是一种层层递进关系；还有分层关系属平行和递进混合的。不论概念分成哪种层次关系，只要将各层不同的含义分开，每层含义表达单一清楚即可。

概念的内容有轻有重，分层也就应有主有次。在学习中应注意抓住重点的反映本质属性的内容，并加以强调，区别那些非本质、易混淆的现象。例如："力是改变物体状态的原因。"

第一层：力的作用能改变物体速度的大小（通过举例汽车的各种运动情况：静止→运动；运动→静止；速度小→速度大等等）。

第二层：力的作用能改变物体的运动方向（列举汽车左转弯、右转弯；骑自行车转弯等情况）。

第三层：力不是产生运动的原因，也不是维持运动的原因。

讲课时应重点强调第一二层含义，因它容易被许多非本质现象所混淆。比如我们以上所举的例子，静止的汽车运动起来，运动的汽车停止下来都有力的作用，误认为力是产生运动的原因。运动的物体如果没有力继续推它就会逐渐停止，误认为力是维持物体运动的原因，在教学中强调一二层，并与第三层作比较，突出本质屏弃非本质，能帮助学生形成清晰的新概念。

3. 要点法

抓要点，就是要抓住反映某一概念本质属性的主要之点。如对于"熔解热"这个概念，要抓住三要点，即"单位质量"、"晶体"、"同温度的"。因此，把"单位质量的某种晶体，在熔点变成同温度的液体时吸收的热量叫做这种晶体的熔解热。"中的"晶体"写成了"固体"，就混淆了概念的使用范围，是不对的。抓住要点掌握概念，有利于理解、记忆概念，克服死记硬背的不良倾向。

4. 字词法

给概念下定义离不开词语。概念定义中的语句是最精炼的、最准确的，尤其是其中带有关键性的字词，更是不可调换或缺少的。如"惯性"定义是"物体保持匀速直线运动状态或静止状态的这种性质。"不少学生把其中的"或"换成了"和"，这可能是疏忽，也可能是认为两者通用。其实，"或"是两者中任取其一；而"和"则为两者兼而取之。它们含义不同，不可通用。因为任何一个物体在任何时刻，只能处于一种运动状态，绝不可能同时处于两种运动状态。因此，抓住概念中的关键的字词，也是概念学习中值得注意的一个方面。

5. 结合法

学习物理概念必须抓好文字语言、符号语言、图形及单位的结合。有些概念有其共同的结合特点。初中物理关于速度、密度、压强、功率等概念教学步骤大致为：

（1）统一标准。即考虑对某物理量取单位状况。如，单位时间内通过的路程叫速度；单位时间内完成的功叫功率。

（2）概括为物理量的文字表达式：速度＝路程/时间；功率＝功/时间。

（3）翻译成物理量的数学表达式，并给出该量的国际单位制单位，

$v = s/t$，单位是：米/秒；

$p = W/t$，单位是：焦耳/秒，即瓦特。

6. 类比法

概念类比与概念辨析意义相反，是将不同的概念找出其共同的特点，发掘它们间的内在联系，从而能使我们在更高一个层次上理解概念的本质。它与概念辨析相辅相成，同样起到巩固概念的作用。

这方面的例子很多：

例1：库仑场与引力场的类比，匀强电场与地表重力场的类比。

例2：电容串并联与电阻串并联的类比。

例3：机械振动与电磁振荡的类比。

81 物理知识比较记忆

"比较"是认识事物的重要方法，也是进行记忆的有效方法。它可以帮助我们准确地辨别记忆对象，抓住它们的不同特征进行记忆；也可以帮助我们从事物之间的联系上来掌握记忆对象；还可以帮助我们理解记忆对象。

如：在学习了机械谐振和电谐振的知识后，可将三个周期公式列出来加以比较；

不同之处是根号内的物理量 L/g，m/k，LC，这不同之处正是反映了谐振系统不同的固有性质。学习中在使用机械谐振的周期公式，特别是弹簧振子的周期公式时，经常将 $\sqrt{\ }$ 号内的 m 与 k 填写颠倒，为此可作这样的对比联想：把"L/g"跟单摆的形状联系起来：摆线 L 悬挂在上方（对应把"L"写在分数线上方），摆球 mg 悬挂在下方（对应把"g"写在分数线下方）；把"m/k"形象地联想为：犹如"质量为 m 的人坐在倔强系数为 k 的弹簧沙发上"。

这种比较记忆法，在物理教学中会经常用到，如：比较电阻（和电容）的串、并联特点；比较电场与重力场；比较重量与质量；比较左手定则与右手定则；比较 α、β、γ 衰变；比较几个守恒定律等等。

一个学生，仅在中学阶段就要学习许许多多的书本知识和课外知识，要记忆很多的概念、规律、公式和数据。仅以高中物理课本为例，我们应该掌握和记忆的物理公式，逐页数起来就达 200 个左右（含导出的公式和推导的结论式），何况学生还要在各个学科上"齐头并进"！分散的、片断的杂乱的知识总是记得不多，也不能长期保持，如果抓住了它们内在的规律，把知识条理化、系统化了，就会记得又快又牢。而这种条理化、系统化的办法，就是给知识的"珠子"穿上线索。这样，原先想要记住的"一大堆"公式，便只剩下若干个主要的公式了，就好像一大捧珠子，用一根线穿起来，一下子就全部提起来了。

如：学习了"气态方程"之后，只要记住克拉珀龙方程，就可导出各种条件下的气态方程和气体的三个实验定律。

使用"规律记忆法"，能培养我们的思维能力，养成把事物联系起来思考，透过现象抓住本质，开动脑筋揭示事物内在规律的良好习惯，这对于提高我们的思维水平是极有好处的。

82 物理知识歌诀记忆

歌诀记忆法的核心，是把一些材料编成顺口溜，赋予它们一定的音韵和节律，使材料合辙押韵，朗朗上口，易记易背。有些内容枯燥、零散的材料，难于记忆，这时就适宜借助歌诀来帮助记忆。比如在学习"原子核物理"知识时，常常需要填写核反应方程和判断核反应生成的元素，这就要求我们一般应能记得元素周期表上的前20号元素（化学方面的要求亦是如此），而这些元素名称是单调、枯燥的，可先把它们按序数排列：

1氢、2氦、3锂、4铍、5硼、6碳，

7氮、8氧、9氟、10氖；

11钠、12镁、13铝、14硅、15磷、16硫，

17氯、18氩、19钾、20钙。

然后编成谐音的歌诀形式（按谐音意思分类）：

一青、二黑、三黎（明），（颜色类）

四琵、五朋、六弹（琴）（娱乐类）

七蛋、八羊、九幅（画）（物名类）

拾奶瓶（生活类）

一男、二妹、三女（勤）（人称类）

四龟、五羚、六牛（群）（动物类）

七鹿、八鸭、九甲（虫）（动物类）

失街（亭）（典故类）

试验结果表明：这种离奇、可笑的谐音联想，给学生的印象是相当深刻、牢固的。

159

第十章 化学学习法

83 初中化学学习 6 步骤

化学是研究物质的组成、结构、性质以及变化规律的基础自然科学。同时化学也是一门满足社会需要的中心学科，它与能源、材料、工农业、医学卫生、资源的开发利用、环境的生态保护与检测，人类日常生活、国防建设都有紧密的联系。那么，初中化学学习中有哪些步骤呢？

1. 坚持课前预习

预习是学习的第一步，就是在上课前把要讲的内容先通读一遍，阅读时，对重要概念和定律要反复阅读，逐字逐句仔细推敲，对关键字、词、句应认真钻研，弄懂所读内容，了解本节课的基本知识，分清哪些是重点，难点和关键，哪些通过自己看课本就能掌握，哪些自己看不懂、想不通，就在旁边记上记号，这样在听课时才能有的放矢，有张有弛，在轻松愉快中接受知识，才能取得良好的效果。

2. 重视课堂学习

课堂是我们学习的主要阵地，是决定这节课能否掌握知识的关键，听课不仅要用耳，还要眼、手、脑等多种感官并用，用"眼"去观察老师讲课的一举一动，实验操作及现象；用"耳"去听老师所讲的重点、难点和关键点，对老师多次强调的内容，还要动"手"记下来，要记要点，记提纲，不能全记而妨碍听课；还要用"脑"去想，多问几个为什么，随老师

家长和孩子必知的 100 种现代学习方法

的思路去分析，去理解，只有多种感官并用，才能取得较好的听课效果。

3. 及时复习

巩固所学知识，防止遗忘最好的办法就是在遗忘之前及时复习。复习分课后复习、章节复习和综合复习，课后复习要认真阅读当天的内容，对重要内容逐字逐句仔细推敲，力求全面掌握，把课本上的知识消化为自己的知识，并能联系实际加以应用，在此基础上独立完成作业，对自己解决不了的问题，仔细思考后再与同学讨论或请教老师，章节复习和综合复习是选用对比、归纳、总结等方法，把独立的知识点连成线、形成网，这样便于理解、记忆及应用。

4. 重视实验

化学是一门以实验为基础的自然学科，化学概念、定律都是在实验基础上得出的结论，离开实验就没有化学，因此，要学好化学必须重视实验，对常用仪器要记住名称，会画图形，了解构造，掌握使用方法，对教材上 85 个演示实验，要认真观察，仔细思考，对 22 个学生实验中 10 个必做实验，必须亲自动手做，对选做实验及家庭实验是理论联系实际，开拓知识，启发智力，培养实验技能和动手能力的好教材，要用课余时间积极想办法完成。

5. 准备"两本"

在学习化学之前准备好两个笔记本，一个"错题本"专记自己在练习、作业、考试中的错题，分析出错的原因，记下正确和好的解法。另一个"妙题集锦"对于一些好的解题方法、解题技巧、解题规律记下来，在考前看一遍能起到事半功倍的效果。

6. 阅读课外读物，开阔视野

在学习之外，如果我们能阅读一些课外读物，不仅能帮助我们更好地

理解课内知识，扩大知识面，开阔视野，而且对我们学习化学也是很有帮助的，例如《中学生理化报》，它内容紧扣化学教学大纲和教材，有很强的针对性和实用性，对开发我们智力和培养能力大有益处，并且它和教学同步，对学习中遇到的难点、凝点能及时指导排忧解难，是初三学生的良师益友。

总之，只要我们抓住这六个步骤，努力学习，积极动手，勤于动脑，多总结，善发现，一定会取得较好的化学成绩。

84 歌诀记忆化学知识

歌诀记忆法就是针对需要记忆的化学知识利用音韵编成，融知识性与趣味性于一体，读起来朗朗上口，利记易诵。如从细口瓶中向试管中倾倒液体的操作歌诀："掌向标签三指握，两口相对视线落。""三指握"是指持试管时用拇指、食指、中指握紧试管；"视线落"是指倾倒液体时要观察试管内的液体量，以防倾倒过多。再如氨氧化法制硝酸可编如下歌诀："加热催化氨氧化、一氨化氮水加热；一氧化氮再氧化，二氧化氮呈棕色；二氧化氮溶于水，要制硝酸就出来"。

像元素符号、化合价、溶解性表等都可以编成歌诀来进行记忆。歌诀在教与学的过程中确实可以用来帮助记忆，使我们轻松愉快地巩固学习成果。歌诀记忆法，语音和谐，节奏鲜明，顿挫有致，便于存储，又利于检索。应用歌诀记忆法应注意：不难记的无须编成歌诀，歌诀最好自己编写；歌诀一定要准确简练对别人编写的歌诀要认真理解，现举例如下：

1. 学元素符号时，可以这样记忆：

氢（qīng）氦（hài）锂（lǐ）铍（pí）硼（péng）

碳（tàn）　氮（dàn）　氧（yǎng）　氟（fú）　氖（nǎi）

钠（nà）　镁（měi）　铝（lǚ）　硅（guī）　磷（lín）

硫（liú）　氯（lǜ）　氩（yà）　钾（jiǎ）　钙（gài）

钪（kàng）　钛（tài）　钒（fán）　铬（gè）　锰（měng）

铁（tiě）　钴（gǔ）　镍（niè）　铜（tóng）　锌（xīn）

镓（jiā）　锗（zhě）　砷（shēn）　硒（xī）　溴（xiù）

氪（kè）　铷（rú）　锶（sī）　钇（yǐ）　锆（gào）

铌（ní）　钼（mù）　锝（dé）　钌（liǎo）　铑（lǎo）

钯（pá）　银（yín）　镉（gé）　铟（yīn）　锡（xī）

锑（tī）　碲（dì）　碘（diǎn）　氙（xiān）　铯（sè）

钡（bèi）　镧（lán）　铪（hā）　钽（tǎn）　钨（wū）

铼（lái）　锇（é）　铱（yī）　铂（bó）　金（jīn）

汞（gǒng）　铊（tā）　铅（qiān）　铋（bì）　钋（pō）

砹（ài）　氡（dōng）　钫（fāng）　镭（léi）　锕（ā）

钍（lú）　钍（dù）　镨（xǐ）　铍（bō）　镖（hēi）

镁（mài）　钛（dá）　铪（lún）　镧（lán）　铈（shì）

镨（pǔ）　钕（nǔ）　钜（pǒ）　钐（shān）　铕（yǒu）

钆（gá）　铽（tè）　镝（dí）　钬（huǒ）　铒（ěr）

铥（diū）　镱（yì）　镥（lǔ）　锕（ā）　钍（tǔ）

镤（pú）　铀（yóu）　镎（ná）　钚（bù）　镅（méi）

锔（jū）　锫（péi）　锎（kāi）　锿（āi）　镄（fèi）

钔（mén）　锘（nuò）　铹（láo）

2. 记忆化合价也是我们比较伤脑筋的问题，也可编这样的顺口溜：

一价请驴脚拿银，（一价氢氯钾钠银）

二价羊盖美背心。（二价氧钙镁钡锌）

一价钾钠氢氯银，二价氧钙钡镁锌；

三铝四硅五价磷，二三铁、二四碳；

一至五价都有氮，铜汞二价最常见。

正一铜氢钾钠银，正二铜镁钙钡锌；

三铝四硅四六硫，二四五氮三五磷；

一五七氯二三铁，二四六七锰为正；

碳有正四与正二，再把负价牢记心；

负一溴碘与氟氯，负二氧硫三氮磷。

3. 初中常见原子团化合价口诀：

负一硝酸氢氧根，负二硫酸碳酸根，

还有负三磷酸根，只有铵根是正一。

氢氦锂铍硼，碳氮氧氟氖；

钠镁铝硅磷，硫氯氩钾钙。

4. 记金属活动性顺序表也可以按照口诀来记：钾钙钠镁铝、锌铁锡铅氢、铜汞银铂金。

5. 把盐酸的性质和用途比喻为乌龟壳，并编成歌诀"盐酸性质乌龟壳，一头一尾四只脚，前爪金属、氧化物，后爪盐、碱一起捉。头衔酸碱指示剂，尾巴除锈又制药"。

6. 氢气还原氧化铜的步骤口诀：先通氢，后点灯，操作顺序要记清；黑色变红把灯撤，试管冷却再停氢；先点后通要爆炸，先停后撤要氧化。

7. 液体试剂取用口诀：取液手不抖，标签对虎口，顺壁往下滑，眼把量来瞅。

8. 碱盐类溶解性表的规律可编成如下口诀记忆：

溶碱钾钠钡钙铵，其余属碱都沉淀。

钾、钠铵盐硝酸盐，都能溶于水中间。

盐酸盐不溶银亚汞，硫酸盐不溶钡和铅。

碳酸盐很简单，能溶只有钾钠铵。

9. 制氧气口诀：

二氧化锰氯酸钾；混合均匀把热加。

制氧装置有特点；底高口低略倾斜。

10. 集气口诀：

与水作用排气法；根据密度定上下。

不溶微溶排水法；所得气体纯度大。

11. 电解水口诀：

正氧体小能助燃；负氢体大能燃烧。

12. 常见元素的主要化合价口诀：

氟氯溴碘负一价；正一氢银与钾钠。

氧的负二先记清；正二镁钙钡和锌。

正三是铝正四硅；下面再把变价归。

全部金属是正价；一二铜来二三铁。

锰正二四与六七；碳的二四要牢记。

非金属负主正不齐；氯的负一正一五七。

氮磷负三与正五；不同磷三氮二四。

硫有负二正四六；边记边用就会熟。

85 谐音记忆法学化学

谐音记忆法就是要把需要记忆的化学内容跟日常生活中的谐音结合起

来进行记忆。如地壳中各元素的百分含量前三位是"氧、硅、铝"，可谐北方音为"养闺女"。再如，金属活动顺序为：钾、钙、钠、镁、铝、锰、锌、铁；锡、铅、铜、汞、银、铂、金可谐音为："加个那美丽的新的锡铅统共一百斤。"

通过谐音，可以使材料具有双重意义。这样一开始，识记材料便成双结对输入大脑，并分别与大脑中已有知识结构的不同层次相结合，等到回忆提取时，自然就多了一条渠道。根据这一原理，我们可以对某些零散的、枯燥的、毫无意义的材料地进行谐音处理，以形成新奇有趣的语句，这样就容易输入和方便提取了。例如：

1. 记忆元素周期表中 1～20 号元素，氢氦锂铍硼，碳氮氧氟氖，钠镁铝硅磷，硫氯氩钾钙，谐音为"青海狸皮捧炭，蛋养弗奶。拉美旅归，林柳路呀"。解释：青海用狐狸皮捧木炭，由蛋养出来的动物就不用喂奶。拉美旅行回来，树林中柳树夹道风景多么好呀！

2. 地壳中所含元素质量分数由多到少的顺序，氧硅铝铁钙，钠钾镁，谐音为"养龟铝铁盖，哪家没青（菜）？"。

3. 电解水时，正负极产生的气体，谐音为"父亲养羊"。（负极氢气，阳极氧气。）

4. 金属活动性顺序，钾钙钠镁铝锌铁锡铅（氢）铜汞银铂金，谐音为"假（乞）丐拉美旅，心铁喜牵轻，统共一百斤"。

5. 酸的 pH < 7，用谐音记忆"3（酸）< 7"。

86　高度概括法记忆化学知识

高度概括法记忆法，是在对知识充分理解的基础上，将所学的内容加以系统总结和高度概括，使它变成一个或一组简单的"信息符号"。经过概括的内容记住了，在使用时，就会有助于联想它的具体细节。这种记忆法的特点是简化系统，处理信息，大大减轻记忆负担，提高记忆效率。是一种较为有效的记忆方法。具体方法有如下几种：

1. 顺序概括。把识记材料按原顺序概括，记忆时突出顺序性。这样概括起来顺口，记起来方便，需要回忆时，再添上内容就行了。如：

实验室制取氧气，并用排水法收集氧气的步骤概括为：一检二装三固定，四满五热六收集，七移导管八熄灯。

根据化合价写化学式的步骤概括为：一排顺序二标价，第三约简再交叉。

书写化学方程式的步骤为：一写二配三注。

根据化学方程式的计算步骤为：设、方、关、比、算、答。

鉴别物质的过程归纳为：一取样，二配液，三操作，四现象，五结论。

2. 数字概括。就是用数字来概括识记材料。如：催化剂概念要点是"一变两不变"。过滤应注意事项为"一帖二低三靠"。化学药品取用要遵守"三不"原则；酒精灯的使用应做到"两个绝对"；工业生产中污染水的因素是"三废"等。

3. 还可以自编小故事口诀来记化学元素符号。

在背诵之前先用2分钟时间看一个不伦不类的小故事：

侵　害

从前，有一个富裕人家，用鲤鱼皮捧碳，煮熟鸡蛋供养着有福气的奶妈，这家有个很美丽的女儿，叫桂林，不过她有两颗绿色的大门牙（哇，太恐怖了吧），后来只能嫁给了一个叫康太的反革命。刚嫁入门的那天，就被小姑子号称"铁姑"狠狠地捏了一把，亲娘一生气，当时就休克了。

这下不得了，娘家要上告了。铁姑的老爸和她的哥哥夜入县太爷府，把大印假偷走一直往西跑，跑到一个仙人住的地方。

这里风景优美：彩色贝壳蓝蓝的河，一只乌鸦用一缕长长的白巾牵来一只鹅，因为它们不喜欢冬天，所以要去南方，一路上还相互提醒：南方多雨，要注意防雷啊。

看完了吗？现在我们把这个故事浓缩一下，再用6分钟时间，把它背下来。

侵害

鲤皮捧碳蛋养福奶

那美女桂林留绿牙

嫁给康太反革命

铁姑捏痛新嫁者

生气休克

如此一告你

不得了

老爸银哥印西提

地点仙

（彩）色贝（壳）蓝（色）河

但（见）乌（鸦）（引）来鹅

一白巾供它牵

必不爱冬（天）

防雷啊！

好了，现在共用去8分钟时间，已经把元素周期表背下来了，不信？

那你再用余下的2分钟，对照一下：

第一周期：氢　氦——侵害

第二周期：锂　铍　硼　碳　氮　氧　氟　氖——鲤皮捧碳蛋养福奶

第三周期：钠　镁　铝　硅　磷　硫　氯　氩——那美女桂林留绿牙
（那美女鬼流露绿牙）

第四周期：钾　钙　钪　钛　钒　铬　锰——嫁改康太反革命

　　　　　铁　钴　镍　铜　锌　镓　锗——铁姑捏痛新嫁者

　　　　　砷　硒　溴　氪——生气休克

第五周期：铷　锶　钇　锆　铌——如此一告你

　　　　　钼　锝　钌——不得了

　　　　　铑　钯　银　镉　铟　锡　锑——老把银哥印西堤

　　　　　碲　碘　氙——地点仙

第六周期：铯　钡　镧　铪——（彩）色贝（壳）蓝（色）河

　　　　　钽　钨　铼　锇——但（见）乌（鸦）（引）来鹅

　　　　　铱　铂　金　汞　砣　铅——一白巾供它牵

　　　　　铋　钋　砹　氡——必不爱冬（天）

第七周期：钫　镭　锕——防雷啊！

除以上方法外，类比联想法、改错记忆法、自测记忆法等，在此不再详述。总之通过对这些方法的运用，使课本中枯燥的材料变得饶有趣味，使呆板的知识变得活泼生动，既减轻了记忆负担，又提高了记忆效率，培养了我们的记忆能力。

87　巧用形象比喻记忆化学知识

趣味的东西能引起兴趣，导致神经兴奋，激起学习动机，创造最佳的记忆心理状态，易于记忆，并能牢固保持。因此，我们在学习化学过程中，应该把一些枯燥无味难于记忆的化学知识尽可能趣味化。

比喻记忆法就是运用比喻，把抽象的事理具体化，把深奥的道理浅显化，把陌生的东西熟悉化，从而增进大脑记忆的一种方法。

如，核外电子的排布规律是："能量低的电子通常在离核较近的地方出现的机会多，能量高的电子通常在离核较远的地方出现的机会多。"这个问题是比较抽象的，不是一下子就可以理解的。如果我们打这样个比方就可以理解了，也易于记忆了。把地球比作原子核，把能力高的大雁、老鹰等鸟比作能量高的电子，把能力低的麻雀、小燕子等鸟比作能量低的电子。能力高的鸟常在离地面较高的天空飞翔，能力低的鸟常在离地面很低的地方活动。再如有机化学烯烃中有双键，易发生加成反应和聚合反应，乙烯发生聚合反应时生成聚乙烯，可形象地运用手插尹"$C = C$"和手拉手"$-C-C-$"作比喻，这样就很容易记住了。

如，一氧化碳还原氧化铜的实验步骤中，把一氧化碳气体的通入和撤出，比喻为"早出，晚归"，把酒精灯的点燃和熄灭，比喻为"迟到，早退"。

又如，把盐酸的性质和用途比喻为乌龟壳，并编成歌诀，帮助我们形象记忆。"盐酸性质乌龟壳，一头一尾四只脚脚，前爪金属、氧化物，后爪盐、碱一起捉。头衔酸碱指示剂，尾巴除锈又制药"。

88　化学实验口诀法

学习化学时，我们可以把化学实验总结起口诀的方式来理解和记忆。下面介绍几种记忆化学实验的"口诀"。

1. 化学实验的基本操作

加热　　集气　　配液

过滤　　蒸发　　溶解

取药　　称重　　量液

洗涤　　振荡　　倾泻

2. 取药

取药切忌触、嗅、尝，

量取药品按规定。

称量药品要垫纸，

量取液品视凹平。

粒状用镊粉用匙，

倾斜试管放入底。

量取液体有规定，

对、倒、靠、放还注意。①

尤其浓酸和浓碱，

更要特别加小心。

3. 过滤

液体过滤，准备纸斗，

纸要四折，低于斗口。

润湿贴紧，排出气泡，

调整仪器，即可进行。

———————

①指虎口对准标签，瓶塞倒置，瓶口靠拢，放回原处，注意盖好瓶盖，标签朝外。

下篇

分科学习法

4. 加热

用酒精灯，千万当心，

酒精勿满，灯芯要平。

严禁对点，忌用口吹，

利用外焰，用后加盖。

加热液体，管瓶杯皿，

液体用量，三分之一。

防止沸溅，受热均匀，

管口避人，千万小心。

加热固体，玻器、瓷皿，

冷却缓慢，道理记清。

5. 装配

装配仪器，看清图纸，

仪器连接，物理原理。

还要注意，检查气密。

6. 洗涤

玻璃仪器，必须洗涤，

根据污物，洗涤溶剂。

壁不挂水，即为干净，

倒置放好，才算完毕

液体药品取用法（两则）

倾倒试剂瓶

瓶塞倒放，标签向上。

受器倾斜，沿壁流入。

家长和孩子必知的 100 种现代学习方法

瓶口刮净，用后盖上。

使用滴瓶

排气离瓶，吸液直立。

四指并用，揿持分别，

受器持直，给、受分离。①

7. 固态物质称量法

托盘天平要放平，游码复位再调零。

放药先将盘衬底，左物右码要记清。

取码用镊手不沾，先大后小直到平。

定码投药又一法，近满抖匙准又灵。

8. 液体量体积法

量筒量液无别用，大小选准又端平。

液底刻度加热点，三点一线成水平。

9. 试管加热

试管固定铁架台，铁夹离口三分（之）一。

受热试管口下倾，免使回水管遭裂。

固体平铺近管底，移动火焰匀受热。

用毕待冷再拆卸，洗净放稳莫着急。

10. 坩锅加热

泥三角上放，用火直接热。

下篇

分科学习法

---

①用滴瓶上的滴管移取液体，应先将滴管取离液体，再排空胶头内空气。滴管吸入液体后应直立，防止液体流入胶头里。滴管的持和揿应用四指分工，一般中指、无名指持管，拇指揿动胶头。用滴管向试管给液时，一般应持直，滴嘴尖不接触试管内壁。

热罢用钳取，防止骤冷裂。

11. 烧瓶、烧杯加热

瓶底应固定，烧杯要放平。

底垫石棉网，隔网来受热。

12. 蒸发皿加热

瓷皿搁铁圈，用火直接热。

防止物下溅，干燥用余热。

13. 使用酒精灯

用前检查灯芯平，

烧焦过长都不行。

酒精可加三分二，

烧时不能添酒精。

点灯要用火柴点，

不可用灯去点灯。

用时特别要小心，

放平搁稳记在心。

熄灭要用灯帽盖，

用嘴吹灭祸易生。

酒精灯使用方法

灯芯剪平齐，

加酒不过"肩"。

灯座须放稳，

点燃用柴片。

加热在外焰，

内焰温度低。

熄灯用帽盖,

最忌用嘴吹。

喷泉实验应注意

烧瓶要烧干,

气体（浓氧化氢气）要充满,

瓶塞要紧严。

收集气体的方法

与水作用排气法,

根据密度定上下,

不溶、微溶排水法,

所得气体纯度大。

氢气实验室制法

不纯锌粒硫酸稀,

加入启普发生器,

制取氢气不加热,

点燃检纯莫忘记。

氧气实验室制法

二氧化锰氯酸钾,

混合均匀把热加,

高锰酸钾易分解,

都是氧气的制法。

制氧装置有特点,

底高口低略倾斜。

离子检验"九字诀"

辨沉淀,①

看气体,②

观颜色。③

89 化学实验安全操作快板

快板艺术灵活多样,丰富多彩,如果把它运用到我们学习化学中来,会收到意想不到的效果,下面是化学实验安全操作快板,希望对同学们有所帮助。

学习化学有特点,必须重视做实验。

实验室规则要遵守,违反规则出危险。

实验课上要安静,分组坐好莫乱窜。

预先充分准备好,胸有成竹心不乱。

桌上仪器莫乱动,养成守纪好习惯。

不要用手摸药品,更勿弄进嘴里边,

---

①溶液中含有不同的阴离子,可以加入某种盐溶液（$AgNO_3$ 或 $BaCl_2$），使之转变成沉淀。根据沉淀物质的颜色,溶解性的不同再进行辨别。溶液中含有不同的阳离子,可以加入某种碱溶液,（NaOH 或 KOH），使之转变成沉淀。根据溶液的溶解性,颜色,稳定性等加以辨别。

②溶液里含有不稳定的酸的酸根离子,可以加入一种酸溶液（稀 H_2SO_4 或 HCl），使之变为气体逸出。根据气体的不同性质再进行确定。溶液里若含有 NH_4^+，可加入 NaOH 溶液并微热,使被检验的离子变为气体。

③溶液中含有碱溶液不易形成沉淀的阳离子,可用焰色反应加以检验。若在溶液里可能含有 H^+、OH^-、Fe^{3+} 等离子时,可向溶液里加入显色剂（石蕊或酚酞或硫氰化物等）使溶液显示出一定的颜色而检验之。加入石蕊指示剂,显红色的含有 H^+，显蓝色的含有 OH^-，加入 KSCN 溶液显血红色的含有 Fe^{3+}。

取用药品看清楚，"虎口"一定对标签。

瓶口紧挨接受器，瓶塞倒放桌上边。

取固体，用药匙，用镊子，

用后擦净莫偷懒；取液体，用吸管，移液管，使用滴管也方便。

取用药品莫浪费，节约美德人称赞。

万一粗心倒多了，使用不完怎么办？

千万不能倒回去，不然原药被污染。

取完药品放回还，下次再取便不乱。

浓硫酸和烧碱，这些药品很危险，

溅到衣服上，衣服就会烂，

溅到皮肤上，痛得直叫唤。

万一不当心，溅到身上怎么办？

快用清水来冲洗，直到不疼才算完。

实验中，闻气味，不能挨着鼻子尖。

药瓶放在鼻子侧下面，打开瓶盖用手轻轻扇。

气味随着风飘散，慢慢传入鼻孔间。

有的实验须加热，用啥东西作热源？

酒精喷灯、酒精灯，使用起来都方便。

点燃酒精灯，怎样才安全？

用火柴，用灯捻，甭用灯焰去点燃。

万一酒精洒出来，引起火灾就麻烦。

试管夹，夹试管，不夹下部夹上端。

加热固体请注意，管口朝下倾斜点儿。

加热液体稍倾斜，管口别对人的脸。

熄灭灯、盖灯焰，盖上灯帽放一边。

不准用嘴吹灯焰，大家千万记周全。

做完实验别乱跑，刷好仪器要记牢。

废液倒入废液缸，地上渣滓扫干净。

洗涤烧杯和试管，用水冲洗两三遍。

试管刷子刷里面，洗净放在桌面上。

试管倒置再晾干，桌上仪器放齐崭。

实验报告认真写，当堂交给老师看。

老师同意再离开，这次实验才算完。

90 超前学习法

所谓"超前"学习法，便是利用空余时间，把以后要学的内容，通过记忆、背诵、习题、质疑等步骤先学习起来。与预习不同。预习只是预先看看课本，把不懂的地方划出来。超前学习不是预习，而是学习，要自己去弄懂不懂的地方。

上海市竹园中学黄炜青同学，便是这一学习方法的受益者，他写道：

初三刚学化学时，一时难以掌握，成绩一直处于中下水平，运用了许多方法都收效甚微。偶尔有一次，用一周时间先将以后要学的内容学了一遍，发现效果很好。从而总结出一套"超前"学习法。主要做法有如下几点：

先将课本从头至尾看一遍，了解一下大概的内容，然后配合参考书，逐章进行学习。将每章中需要熟记的概念、化学方程式、分子式摘录在小本子上，逐条逐个地背诵。每天无需太多的时间，背上一条概念，2～3 条

方程式，5~6个分子式就够了。再根据参考书上的要求，对重点内容进行学习。如遇到不理解之处，便做好记号，以便在上课时着重听讲。等到一章全部学完后，再将会做的习题做一遍。

超前学习，可使基础牢固，学习起来更轻松。在老师上课时，黄炜青同学就比别的同学更能接受，习题正确率也提高许多。通过"超前"学习，他的化学成绩从中下一下跃至优秀。

高中化学中有关摩尔的计算是相当有难度的，但上了高中的黄炜青，仍然继续用"超前"学习化学。超前学习时便作为重点学习，再加上上课时老师一点拨，他便很容易就接受了，而别的同学就没有黄炜青接受得快。

由于在化学上，黄炜青尝到了"超前"学习法的甜头，他便将它推广外语、物理这两门较难的学科上，使他这两门学科的成绩也有了一定提高。

第十一章　历史学习法

91　课堂学习"四习惯"法

我们常说，习惯影响性格，性格决定命运。可见养成良好的习惯非常重要。学习更是这样，好的学习习惯可以提高我们的学习效率，激发学习兴趣，培养学习能力。历史学习要养成4种好习惯：即预习、笔记、思考、温习的习惯。

1. 预习。课前的预习必不可少，只有预习，才能对课文有个大致的了解，明确重点难点，以便上课有目的、高效地学习。

2. 笔记。预习时遇上的疑惑，可做上标记，以便上课时重点突破，迎刃而解。预习时还要扫除文字阅读障碍。预习就是自我学习的过程，体现出学习主体性原则。上课认真记笔记，看书时圈点划批，便于系统掌握，能够分清主次。俗话说，好记性不如烂笔头。多动笔墨还可以提高记忆力。

3. 思考。古人讲："学而不思则罔，思而不学则殆"，"思之，思之，神鬼通之。"可见勤于思考在学习中很重要。历史学习更要深入思考，大胆质疑，不然"读史使人明智"只是一句空话。

4. 温习。我们常说"温故而知新"，上完课要及时温习巩固。在温习的基础上，再去写作业。很多同学等写作业时，再把书拿来翻来翻去，这样不仅学习效率低，而且掌握的知识也是支离破碎的。

当然，这4种习惯对其他任何学科的学习也都是实用的，只不过对历史学习显得尤为重要。良好的习惯是成功的基石。只要我们坚持不懈，养成好的习惯，历史学习就会轻松自如。

92 阅读历史教材"九步骤"

历史学习一定要提高历史教科书的阅读能力。我们在学习历史的时候往往是抛开课本背笔记，丢下教材看资料；即使看书，也只看正文部分，其他一概不看。这样是很难学好历史的。阅读历史教材不仅要全面、仔细，还要带着问题去研读。下面是历史教材阅读的9个步骤：

1. 阅读"课前说明"，明确学史目的。高一历史"课前说明"中提到"高中教材的编写，旨在进一步提高学生的思维道德品质、科学文化知识、审美情趣和身体心理素质，培养学生创新精神，实践能力，学习的能力和适应社会生活的能力，促进学习的全面发展，为高一级学校和社会输送素质好的合格的毕业生。"这句话可以让我们明确了高中历史学习的目的，积极的心态，是提高学习成绩的前提。

2. 阅读教材目录，形成框架结构。历史的课文是以章节来编排的，每一章一个单元都会体现出一个历史阶段，反映出历史知识的系统性和逻辑性。如果我们阅读目录，就便于我们从宏观上把握本教材的历史结构，不仅避免了"盲人摸象"的局面，而且还能做到纵横对比，融会贯通。新课程是以专题形式编写的，在阅读目录时可以对该专题有个立体的了解。

3. 阅读章节导言，把握历史背景。高中的章节导言主要介绍了国内国际背景和主要线索。导言是高度概括浓缩的语言，因此，读导言也可以了解这一章的主要内容，明确该章历史事件所处的背景，从而形成立体的时空观和系统的历史感。

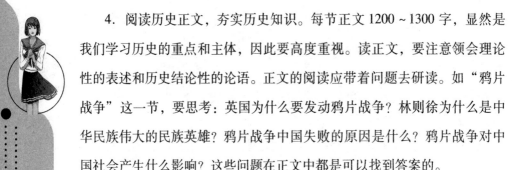

4. 阅读历史正文，夯实历史知识。每节正文 1200～1300 字，显然是我们学习历史的重点和主体，因此要高度重视。读正文，要注意领会理论性的表述和历史结论性的论语。正文的阅读应带着问题去研读。如"鸦片战争"这一节，要思考：英国为什么要发动鸦片战争？林则徐为什么是中华民族伟大的民族英雄？鸦片战争中国失败的原因是什么？鸦片战争对中国社会产生什么影响？这些问题在正文中都是可以找到答案的。

5. 阅读小字，拓展思维。小字每课时有 1000 字左右，这是我们学习最易忽视的地方。小字是正文的说明、补充、拓展或分析。虽然小字不是考试的主要内容，但却可丰富历史知识，开拓我们的思维。

6. 阅读文献材料，提高研究能力。高中每节教材都会有 1～2 条文献材料阅读，不仅能让我们直接感受历史，还可以提高认识能力，"去伪存真，由表及里"。如洋务运动一节引用曾国藩话："可以剿发捻，可以勤远略"，认识他办洋务是为了镇压人民起义，至于"勤远略"，只不过是掩人耳目而已。材料的阅读不仅要通过注释，扫除文字障碍，而且要结合课文了解材料背景，更要运用科学的理论对材料进行加工整理，更大限度地提高有效信息。

7. 阅读历史地图，形成时空观。课文本身有地图，另有单独的历史地图册，我们学习历史要结合地图，边读教材，边对照地图。如有些地图是战争形势图，体现战争动态过程，结合地图用彩笔勾勒，了解战争的经过、结果，以便形成立体的、完整的空间观念。近些年高考历史试题已经加大考查历史地图的比重。因此我们学习历史要重视读图。

8. 阅读历史图画，以提高观察力。高中历史每节里的图画 4～6 幅，课前还有约 20 幅彩图，此外还有些表格。这些图画有遗址图，历史人物画

家长和孩子必知的 100 种现代学习方法

等。多读图画可以提高我们观察力、想象力，使新学的历史知识更直观、更立体、更丰厚。

9. 阅读书后年表，理清历史线索。课后的大事年表要反复读，每章节的大事年代一定要牢记。只有记住年代，才能对庞杂的历史有清晰的认识，才能形成系统的历史知识。

93　历史学习"三步曲"

历史学习"三步曲"是由表及里，由浅入深，由点到线再到面，循序渐进，循环往复的学习方法，便于我们进行高效、系统而有趣味地历史学习。

1. "了解"是历史学习第一步。即了解历史事实、梳理历史线索、概括阶段特征等。历史就是人类社会以往的运动过程，它是一定人物在一定时间、地域内进行的一些重大活动。因此，每一个历史大事件都要了解清楚，如人物、时间、地点、事件、经过、结果等都要了然于胸。"了解"的要求一是"准"，历史是一门科学，科学要求准确严谨。这就要求历史学习要建构明确的时空观。二是"全"，即方方面面，全面掌握。全面掌握不是眉毛胡子一把抓，要善于概括梳理，做到"去粗取精"。如"鸦片战争"一节，我们就要了解战争的过程：战争的起止年代、作战双方、战争路线和阶段、重要的反抗斗争、主要人物等。"了解"的基础是记忆，因此，要提高记忆力，探究记忆方法。

2. "理解"是历史学习第二步。历史学习要求我们弄清历史事件、历史现象的因果关系，揭示历史偶然性和必然性的辩证联系，理解重要的历史概念等。理解的要求是"深"。这就要求我们学习历史时应精读、细读、

有重点地阅读；要善于综合阅读，诸如历史地图、历史材料、图片乃至注释都应有目的地读一读；学习时，要讨论，要探究，要思考，要查阅资料，要整理笔记，生生合作，师生交流。如"鸦片战争"我们就要思考：这场战争的爆发是必然的吗？清政府为什么会战败？为什么鸦片战争标志着中国近代史的开端？等等。

3. 形成"见解"是历史学习第三步。我们常说"读史使人明智"。历史学习要从历史的成败得失中总结经验教训，从纷繁的历史现象中获得深刻的历史启迪，要善于在历史的联系比较中获取历史认识，运用正确的观点对历史人物、历史事件进行科学的评判。"见解"的要求是"新"，即要有新意，不可人云亦云。要去感受历史，从历史中获取人生智慧，要学以致用。仍以"鸦片战争"为例，我们要从战争的成败得失获得见解、启迪：落后就要挨打；政治腐败必然导致军事失败；腐朽落后的封建主义不是新兴资本主义的对手；林则徐是伟大的民族英雄；勿忘国耻，振兴中华等。

"了解—理解—见解"这三步是联结为一个整体，不可分割开来。对高中生而言，"了解"是历史学习的前提和基础。历史课的"预习"也应属于"了解"这一步。"理解"是至关重要的一步，是历史学习的关键，体现高中历史学习的特点。课堂历史学习主要是"理解"这一步。而形成"见解"是历史学习目的所在，其要求较高，要培养创造性思维，加强理论学习。"见解"这一步还应延伸到课外。如研究性学习中的历史考察、历史采访、历史辩论等都不会局限在课内。"历史学习三步曲"要求历史学习要由粗读到细读，由宏观把握到微观掌握，由封闭式孤立学习到开放式合作学习，由被动的接受式学习到主体性探究式学习等。还要求把历史学习和政治、语文、地理等学科有机地结合起来，体现综合化的特点。

94 记忆历史年代

历史年代是历史事件的时间标记，相关的历史事件间常常存在因果、影响等内在联系，这就构成了历史事件的内在逻辑关系。如，虎门销烟与鸦片战争的爆发，俄国十月革命与德国十一月革命等等。这一系列历史事件均有条不紊地置于一定的时间范围内，其顺序不容颠倒错乱。可见，记忆历史年代与掌握历史事件的内在逻辑关系是互相促进的。要记好历史年代，就要掌握记忆方法。下面介绍几种记忆历史年代常用的方法：

1. 间隔推算法

如，1911 年，辛亥革命。1913 年，二次革命。1915 年，护国战争。1917 年，护法战争。以上历史事件前后各相隔两年。

再如，1911 年，辛亥革命。1921 年，中国共产党成立。1931 年，"九一八"事变。1941 年，皖南事变。以上历史事件各相隔 10 年。

2. 颠倒记忆法

如，1841 年，黄巾起义。481 年，克洛维建立法兰克王国。814 年，查理曼帝国建立。

再如，1127 年，金灭北宋。1271 年，忽必烈建立元朝。1712 年，俄国迁都彼得堡。

3. 简单数字运算法

后两位数字的乘积等于前两位数字。如，1644 年，李自成进占北京，$16 = 4 \times 4$。1836 年，英国爆发宪章运动，$18 = 3 \times 6$。1892 年，俄国签订军事协定，$18 = 9 \times 2$。

4. 数字特征记忆法

如，一肩双挑。①公元前525年，波斯帝国灭亡埃及。②公元前212年，秦始皇坑儒。③公元前202年，西汉建立。④383年，淝水之战。⑤646年，日本大化改新。⑥676年，新罗统一朝鲜。

再如，重复数字。①1616年，努尔哈赤建立后金。②1818年，马克思诞生；智利独立。

5. 年代连续记忆法

连续3年，①公元前73～公元前71年，斯巴达克起义。②1773～1775年，俄国普加乔夫起义。③1857～1859年，印度民族起义。

6. 同一年代中外历史联系记忆法

如，1864年，太平天国运动失败；第一国际在伦敦建立。

再如，1804年，拿破仑称帝，建立法兰西第一帝国；海地宣布独立。

95 运用浓缩记忆法复习历史

浓缩记忆法就是抓住主要内容，紧扣关键字，把较繁杂的识记材料加以概括和压缩来进行记忆的一种方法。运用浓缩记忆法，只要牢记要点，结合联想，并加以必要的扩充就能较全面地再现完整的内容。经过概括和浓缩后的材料微言大义，以小见大，印象深刻，难以忘却。浓缩记忆法主要有以下几种形式：

1. **数字浓缩法。**数字浓缩法就是在理解的基础上经过高度归纳，将历史知识概括成数字来进行记忆。这种方法在运用时需要充分地思考、认真地分析和仔细推敲，只有这样，才能把精华提炼出来。

如，隋朝大运河的有关内容，可用"一、二、三、四、五、六"进行归纳和记忆，即"一条大动脉，隋朝第二代皇帝（隋炀帝）开凿，三点（涿郡、余杭、洛阳），四段（永济渠、通济渠、邗沟、江南河），五河（海河、黄河、淮河、长江、钱塘江），六省（河北、山东、河南、安徽、江苏、浙江）"。

如，中国的旧民主主义革命的历史可编为"五、四、三、二、一"，即"五次重大的侵华战争（鸦片战争、第二次鸦片战争、中法战争、中日甲午战争、八国联军侵华战争），四个重要的不平等条约（《南京条约》、《马关条约》、《辛丑条约》、《二十一条》），三次革命高潮（即太平天国运动、义和团运动、辛亥革命），二个阶级的产生（无产阶级、民族资产阶级），一次失败的变法（戊戌变法）"，这样，中国1840年到1919年的线索就非常清楚了。

2. 口诀浓缩法。就是以整齐押韵的句式概括出所要记忆的内容，形式上近于顺口溜，内容上极其概括，然后实行强化记忆。应用时根据口诀进行联想展开，达到准确、全面记忆的目的。

如，我国封建朝代歌：战国秦朝和两汉，三国两晋南北朝；隋唐五代和十国，辽宋夏金元明清；统一王朝共九个，余为分裂各政权。

如，"战国七雄形势图"中七国名称和方位可编为"东齐西秦北燕南楚，赵魏韩在中间"；在复习"张骞通西域"一段时，可以将课文内容编成"首行凿空再行通，张骞终使西域拢。都护设置始归公，丝绸之路畅西中"，其中就包含了张骞两次出使西域、西域与中原联系密切、西汉在西域设置西域都护府标志着西域正式归中央政府管辖、张骞通西域后中西交通要道丝绸之路开通等史实。

如，十国各兴替歌：前后蜀，南北汉，两吴（吴、吴越）两南（南唐、南平），闽和楚。

如，清朝世系歌：努皇顺，康雍乾，嘉道咸，同光宣。即努尔哈赤、皇太极、顺治、康熙、雍正、乾隆、嘉庆、道光、咸丰、同治、光绪、宣统。

再如，红军长征四次会师可编成口诀："56 一四懋，510 一陕吴；66 二四甘，610 三会宁（每句 5 个字，分别代表年份、月份、部队番号及会师地点）"。口诀浓缩法简单有趣，但是在开始时需动一番脑筋，把识记材料编成生动有趣甚至有韵味的口诀，这是要下点工夫的，不过，一经编好，便终生难忘。如世界古代史三大改革，可编成口诀。公元前 6 世纪波斯大流士改革内容："帝国分廿郡，每年纳金银；币制统一化，驿道通四都"。公元前 594 年雅典梭伦改革内容："取消债务废奴隶，民分四等享顺利"。公元 646 年日本大化改革内容："废私田，法均田；租庸调，授班田；每六年，死地还；改行政，立集权。"

口诀浓缩法就是以整齐押韵的句式概括出所要记忆的内容，形式上近于顺口溜，内容上极其概括，然后实行强化记忆。应用时根据口诀进行联想展开，达到准确全面记忆的目的

3. 内容浓缩法。就是根据材料主干，将其内容的精华和核心进行高度压缩或分解，用最简单、最本质和最概括的文字表达出来。

如，中国古代史的井田制，可将其内容浓缩为："国王所有，诸侯使用，奴隶耕作，形似'井'字。"或者进一步浓缩为："王有、侯用、奴耕、井形"。这样记忆的好处是在需要回忆这段内容时，只要酌情在每段话上"添枝加叶"即可。

再如，魏孝文帝改革，其主要内容是：①颁布均田令；②接受汉族的先进文，令鲜卑贵族采用汉姓，穿汉服，说汉话，与汉族通婚；③迁都洛阳并采用汉族统治阶级的制度。可浓缩为："一均、二化、三迁治"。这样根据起来顺口，记起来便当，需要回忆时再逐一添上内容就行了。

内容浓缩法需要积极地思维和筛选，才能把精华提炼出来。在浓缩的过程中，删繁就简，择精选萃，使知识在数量上大幅度减少，在质量上成倍增长，显著地提高记忆效率。

4. 关键字浓缩法。就是提取每句话、短语或词的关键字并按顺序串联起来进行记忆。如，丝绸之路中的几个地名，可将长安、河西走廊、新疆、安息、西亚、大秦等浓缩为"长河新，安西大"。关键字浓缩法在记忆中形成知识结构的整体缩影，有时关键字浓缩后又觉晦涩难懂，这时应再以谐音辅助记忆，印象会更加深刻，不易忘记。如，太平天国运动的意义可概括为 6 个方面：是几千年来农民战争的最高峰；是中国近代史上一次伟大的反封建反侵略的农民运动；坚持斗争 14 年，势力发展到 18 个省；它在反对封建主义的同时，又担负起反对外来侵略的任务，同时太平天国的一些领袖还主张学习西方，在中国发展资本主义；严惩了中外反动势力；太平天国的光辉业绩，永远激励着中国人民。这 6 方面主要表现在"高峰、性质、规模、特点、严惩、激励"12 个字上，再将其中关键的字提出浓缩即为"高性模特严励"，谐音为"高兴莫特严厉"。

浓缩记忆法是记忆的一个捷径，运用得法，既能巩固知识，又能节省时间，一举两得，便捷可行。但浓缩法不是万能的，不能盲目运用，一定要在理解、熟悉内容的基础上加以浓缩，方有良好效果。

第十二章 地理学习法

96 识图、用图的方法

地理学习离不开地图，必须重视地图。因此识图、用图也是地理学科最重要的基本技能。地理教材中有着丰富多彩的各种类型的插图，与文字配合，使教材内容的呈现更加直观、形象、生动。学习时，不论是自然地理还是人文地理，都要重视图的学习和运用，采用图文结合的方法，才能更好地认识、理解和掌握各种地理事物和现象、地理规律和原理，使地理易懂易学、好记好用。

如，"昼夜长短和正午太阳高度的变化"内容，必须结合"二分二至日全球昼长和正午太阳高度角"的图像来学习，才能阐述清楚，理解透彻，遇到相关知识的试题时才能灵活运用，顺利解答，脱离了地图是难以弄懂和解答这类问题的。又如，"人类与环境"内容，结合"人类社会与环境的相关模式图"来分析理解，可以使人类与环境的关系直观、形象、简单、明了地印在我们的脑子里。"世界城市化的进程"内容，结合"世界城市人口比重的增长图"和"上海城市建设用地的扩展图"学习，使我们比较容易地理解城市化的概念，记住城市化的三个主要标志。

地图是地理知识的载体，也是我们学习地理最重要的工具，运用地图记忆地理知识是最准确、最牢固、最有效的记忆方法。学习时要做到看书与看图相结合，将地理知识逐一在图上查找落实，熟记；平时要多看地图，把地图印在脑子里，并能在图上再现知识。这样，当我们解答地理问题时，头脑中就能浮现出一幅形象、清晰的地图："地球运动"、"大气分层"、"山河分布"、"国家位置"、"工业中心"、"铁路干线"等等。于是，我们就可以从中准确而有效地提取需要的信息。有的同学可能会认为，看图浪费时间，不如看书来得快。殊不知落实到图上的知识印象深刻，便于运用，避免了死记硬背文字和枯燥乏味。因而从整体效果来看，图文结合实际上耗时并不多，效果却明显。我们学习地理时，应该养成读图用图的习惯，培养读图用图的能力。

97　歌诀记忆地理知识

地理是很多中学生头痛的科目，信息量大、繁琐，且没有规律。但如果用歌诀记忆法，好多问题就可迎刃而解。下面介绍一些记忆地理知识的歌诀。

1. 记忆我国的行政区域省份名称

两湖两广两河山（湖南，湖北，广东，广西，河南，河北，山东，山西）；

三江云贵吉福安（江西，江苏，浙江，云南，贵州，吉林，福建，安徽）；

新西黑蒙青陕甘（新疆，西藏，黑龙江，内蒙古自治区，青海，陕西，甘肃）；

辽宁北上四重天（辽宁，宁夏，北京，上海，四川，重庆，天津）；

香港澳门和台湾；

爱我祖国好河山。

其中，两湖指湖南、湖北。两河山指河南、河北，山东、山西。三江指江苏、江西、浙江。

2. 记忆各省简称

京津沪渝直辖市

蒙宁新藏桂自治

一国两制港澳台

东北三省黑吉辽

冀鲁晋归华北

苏浙皖赣在华东

湘鄂豫归华中

华南还有粤闽琼

川滇黔归西南

西北还有陕甘青

3. 记忆地球特点

赤道略略鼓，两极稍稍扁。

自西向东转，时间始变迁。

南北为纬线，相对成等圈。

东西为经线，独成平行圈；

赤道为最长，两极化为点。

4. 记忆东西南北半球的划分

西径二十度，东径一百六，

一刀切下去，东西两半球。

南北半球分，赤道零纬度，

四季温带显，南北相反出。

4. 昼夜交替和四季变化

地球自转，昼夜更换。

绕日公转，四季出现。

自转一日，公转一年。

自西向东，方向不变。

98　趣味记忆地理知识

地理知识丰富，涉及的范围也广，很多同学喜欢学地理，但又害怕记忆地理知识。现在向同学们提供一些既有趣又行之有效的记忆方法。

1. 比喻记忆法。是指把所要记忆的地理知识与人们熟知的相关知识联系起来完成记忆的方法。例如：记忆气压带、风带的季节移动时，可比喻为燕子季节的迁徙。

2. 字头记忆法。是指把一系列地理事物的字头串联起来来完成记忆的方法。例如：记忆九大行星距日远近时，可以这样记忆：水金地、火木土，天海冥。

3. 谐音记忆法。是指把需要记忆的地理知识通过谐音组合到一起，然后联想创造出一种意境的记忆方法。对于难记忆的地理知识利用谐音联想记忆，便于想象，能极大地调动自己的积极性和兴趣性。

如，黑色金属主要包括铁、铬、锰等，可以采用"铁哥们"作谐音记忆。

如，类地行星主要成分是氢、氖、氦，可以采用"勤奶孩子"作谐音记忆。

如，记忆地壳中含量最多的元素时，可以这样"氧（养）硅（闺）

铝（女），铁（贴）钙（给）钠（哪）钾（家）镁（美）?"。

又如，记忆世界主要粮食出口国，可以这样：美加法（深）澳阿，该出口时就出口。

4. 对比联想记忆法。是指根据地理事物之间具有明显对立性特点加以联想的记忆方法。通过对比联想，有助于我们比较地理事物的差异性，掌握各自的特性，增强记忆。如气旋和反气旋是大气中最常见的运动形式，其气压分布状况、气流状况、天气状况都相反，学习时，只需记牢一种即可。

5. 类似联想记忆法。是根据地理事物之间在性质、成因、规律等方面有类似之处而建立起来的记忆方法。通过类似联想有助于我们发现地理事物的共性，强化记忆。如，里海与日本的面积大约都为37万平方千米。又如，温带季风气候区和温带海洋气候区内的自然带均为温带落叶阔叶林带。

7. 从属联想记忆法。是根据地理事物之间因果、从属、并列等关系增强知识凝聚的联想记忆方法。通过关系联想，引导思考、理解地理知识彼此之间的关系，使思考问题有明确的方向，感到有些地理知识多而不杂，杂而不乱，有规律可循。如因果关系：地理自转→地转偏向力→盛行风向→洋流的流向；从属关系：总星系→银河系→太阳系→地月系；并列关系：风化作用→侵蚀作用→搬运作用→沉积作用→固结成岩作用。

8. 聚散联想记忆法。是指运用聚合思维对一定数量的知识通过联想，按照一定的规律组合到一起或运用发散思维对同一地理知识，从多方面进行联系的记忆方法。包括聚合联想记忆法和发散联想记忆法，互为逆过程。运用聚散联想记忆法有助于学习时举一反三，触类旁通，扩大思路，建立地理知识的"联想集团"。如有关赤道的知识，可运用发散思维从下列各点进行说明。

地理上最长的纬线；

纬度最低的纬线；

距南北两极距离相等的纬线；

南、北半球的分界线；

南北纬度划分的起始线；

地转偏向力为零的纬线；

仰望北极星仰角为零的纬线；

全年昼夜平分的纬线；

地理自转线速度最大的纬线；

反之，运用聚合思维可以说明上述所指纬线都是赤道。

9. 奇特联想记忆法。是指利用一些离奇古怪的联想方法，把零散的地理知识串到一块在大脑中形成一连串物象的记忆方法。通过奇特联想，能增强知识对我们的吸引力和刺激性，从而使需要记忆的内容深刻地烙在脑海中。如柴达木盆地中有矿区和铁路，记忆时可编成"冷湖向东把鱼打（卡），打柴（大柴旦）南去锡山（锡铁山）下，挥汗（察尔汗）砍得格尔木，火车运送到茶卡。"

99 绘示意图和地图的方法

绘示意图和地图是学习地理的基本技能。在初学时，老师会经常让我们自己去描图。学生认为很省事，不费脑。有的同学像描绣花样子一样，东一笔，西一笔，随意描画，结果地理事物仍是模糊不清，建立不起正确形象。基于上述情况，就须指导学生一项一项地勾画。比如河流的描绘难度较大，就先教学生仔细观察并记忆河流的形象，再描绘。如黄河像"几"字形，绘图时还要一笔笔说明、指导。对于黄河的弯曲流向及它流经的省区，可这样教学生画：

在每一转折处都说明是哪省？什么峡谷？流经的九个省区不用再死记硬背，黄河干流大致可以画出。

省区轮廓还可以拟形记忆。如黑龙江像起飞的天鹅，黄河中下游五省二市似站立的熊……绘示意图可以边读边画，形成习惯。如冷暖锋示意图、褶皱断层示意图，经过亲自动笔，知识掌握会较牢固。

这样训练一段时期后，可根据教材的描述设计插图了，我们要有意识地选择适宜示意的教材，然后据文绘图。如西亚石油路线一段以及三大洋的洋流内容等都适于我们动手设计。这样，有利于把学习引向深入，提高能力，增加学习地理的途径。

100　地理数据学习六法

地理数据是表示各种地理事物的数量关系的，是中学地理基础知识，它具有文字和图像所不可代替的独特作用。中学地理课本中涉及的数据很多，教学中若照本宣科，听起来十分枯燥，怎样把它讲得有味，活跃课堂气氛，起到较好的教学效果呢？

1. 规律法。抓住数据的内在特点，找出其规律性。极半径和赤道半径是说明地球形状的两个基本概念，前者为 6356.8 千米，后者为 6378.1 千米。如果把小数忽略，我们不难发现这两个数据的千、百位数分别为 6 与 3，而十位数和个位数前者为 5 和 6，后者为 7 和 8，连起来恰好是自然数 5、6、7、8。二分二至是反映地球公转过程中季节和昼夜的转换点，这些日期分别为：春分——3月21日前后，夏至——6月22日，秋分——9月23日，冬至——12月22日前后。从春分算起，四个节气的月份依次为3、6、9、12，均为3的倍数，而日期分别为21、22、23、22，周而复始，循环不止，这一来就易于记了。

2. 兴趣法。通过竞赛活动获取的一些地理数据，通常终身难忘。将枯燥的数据与趣味的地理知识相结合，也是调动学习积极性的有效手段。

众所周知，"米"是国际上通用的长度单位，最初由法国于1791年决定的，其标准是通过巴黎的子午线从赤道到北极的千万分之一。"哩"是航海中所用的距离单位，它相当于赤道上经度、分或子午线上纬度，分的间隔距离（约1.8518千米）。学生了解这些知识，就有了记忆赤道和轻线长度的欲望。又如大陆、次大陆、岛屿都是重要的地理概念，它们都是以一定的数据为根据的，其中，最小的大陆澳大利亚为768万平方千米，最大的岛屿格陵兰岛面积217万平方千米，这就意味着面积相当于或大于澳大利亚的陆地为大陆，面积小于格陵兰岛的陆地为岛屿，处于两者之间并且相对独立的陆地就是次大陆了。一旦明确了这些数据的地理意义，自然就有了记忆这些数据的自觉性。

4. 比较法。是处理数字的基本方法，分横比和纵比两种。横比是把同类事物放在不同空间的比较，反映出事物间的大小。如讲太平洋是世界面积最大的海洋，将它与另三大洋相比，不仅按课本上指出，它的面积是另三大洋面积的总和，还把它与面积最小的北冰洋相比，指出它是北冰洋的14倍，这样就使同学们认识到太平洋之"大"。纵比是同类事物不同时期的比较，它可反映出事物的发展变化，我国工农业增长等方面的数据，为了突出其增长幅度，常采用此法。

通过比较，从中找出一定量的关系。通常有下列2种情形；

（1）数字雷同。长江长度中的千位数和百位数分别为 6 与 3，与地球半径相应位数相同；地表陆地总面积与日地距离虽然单位不一，但数字却同为 1.49 亿；黄赤道交角（23 度 26 分）与南北回归线所在的纬度、地轴与黄道平面的夹角（66 度 34 分）与极圈所在的纬度、海洋总蒸发量与总降水量的差额（4700 立方千米）和大陆总降水量与总蒸发量之差以及陆地注入海洋总径流量完全相符等。

（2）数字间的巧合。我国面积为 960 万平方千米，加上 30 万平方千米为加拿大面积，减去一个英国面积为美国面积。世界第三长河长江为 6300 千米，加上 100 千米为亚马孙河长度，再加上两个 100 千米就是世界第一长河尼罗河的长度，而长江的长度减去 3 个 100 千米，便是密西西比河长度了。

6. 形象法。如讲黄河含沙量之"大"，可形象地说"一碗水半碗泥"；如讲我国西北某些地区气温日较差大，可不照宣课本数字，而用"早穿皮袄午穿纱，围着火炉吃西瓜"来形容。